Ted Zeff

Glücklich leben
in einer
Reizüberfluteten
Welt

Ted Zeff

Glücklich leben in einer reizüberfluteten Welt

Der Ratgeber für Hochsensible

mvgverlag

Bibliografische Information der Deutschen Nationalbibliothek:
Die Deutsche Nationalbibliothek verzeichnet diese Publikation in der Deutschen Nationalbibliografie; detaillierte bibliografische Daten sind im Internet über http://d-nb.de abrufbar.

Für Fragen und Anregungen:
info@mvg-verlag.de

1. Auflage 2015

© 2015 by mvg Verlag, ein Imprint der Münchner Verlagsgruppe GmbH,
Nymphenburger Straße 86
D-80636 München
Tel.: 089 651285-0
Fax: 089 652096

Copyright der Originalausgabe © 2007 by Ted Zeff
Translated from the English: *The Highly Sensitive Person's Companion*
First published by: New Harbinger Publications

Die englische Originalausgabe erschien 2007 bei New Harbinger Publications unter dem Titel *The Highly Sensitive Person's Companion*.

Übersetzung: Almuth Braun
Redaktion: Nicole Luzar
Umschlaggestaltung: Pamela Machleidt
Umschlagabbildung: Shutterstock
Satz: Daniel Förster
Druck: CPI books GmbH, Leck
Printed in Germany

ISBN Print 978-3-86882-589-3
ISBN E-Book (PDF) 978-3-86415-768-4
ISBN E-Book (EPUB, Mobi) 978-3-86415-769-1

Weitere Informationen zum Verlag finden Sie unter

www.mvg-verlag.de

Beachten Sie auch unsere weiteren Verlage unter
www.muenchner-verlagsgruppe.de

The Highly Sensitive Person's Companion ist eine Quelle der praktischen Ratschläge für Menschen, die sich chronisch überfordert fühlen. Dieser praktische Leitfaden wird Ihnen dabei helfen, Ihre Umgebung, Ihre Beziehungen und Ihre Gefühle besser zu steuern.

Lina Johnson, Autorin der Werke
Lost Masters und *A Thousand Suns*

Inhalt

DIE FÜNF SINNE

STRESSKILLER

ERNÄHRUNG

SPORT

NATÜRLICHE HEILMITTEL UND ZUSÄTZE

BEZIEHUNGEN

SPIRITUALITÄT

BERUF UND ARBEITSPLATZ

DIE SEELE

Danksagung

Ich danke Elaine Aron dafür, dass sie für hochsensible Menschen eine Quelle des Lichts ist, weil sie unermüdlich über dieses Thema, das sie erforscht hat, schreibt und referiert. Ich danke auch den zahlreichen Lesern meines Buches *The Highly Sensitive Person's Survival Guide*, die mich dazu angespornt haben, dieses Buch zu schreiben. Ich bin sehr dankbar für die redaktionelle Unterstützung, die mir Adam Friend geboten hat. Ich möchte meiner herausragenden Lektorin Carole Honeychurch und meinem Autorenbetreuer Jess O'Brien für ihre unermüdliche Unterstützung bei der Manuskriptbearbeitung danken. Ich danke Eckhart Tolle, Autor der Bücher *Jetzt! Die Kraft der Gegenwart* und *Eine neue Erde* für die Inspiration, die er mir geboten hat, indem er den Weg zu innerem Frieden und Wahrheit aufgezeigt hat. Besonders dankbar bin ich meinem spirituellen Lehrer Ammachi, der die leibhaftige Verkörperung bedingungsloser Liebe und Hingabe ist und der Millionen von Menschen dazu inspiriert, ihre wahre göttliche Natur zu entdecken.

Einführung

Ungefähr 20 Prozent der Bevölkerung aller Länder sind hochsensible Menschen – kurz auch HSM genannt. Hochsensible Menschen haben eine besonders feine Wahrnehmung für ihre Umgebung und fühlen sich daher leicht von Lärm, Menschenmengen und Zeitdruck überfordert. Sie neigen zu ausgeprägter Schmerzempfindlichkeit, reagieren stärker auf Koffein und gewalttätige Bilder und können grelles Licht, starke Gerüche und Veränderungen in ihrem Leben schlecht ertragen.

Hochsensible Menschen haben ein empfindsames vegetatives Nervensystem und sind darauf angewiesen, in unserer dynamischen, aggressiven Gesellschaft eine Balance zu finden, indem sie besonders auf ihre Bedürfnisse achten. HSM neigen dazu, sinnliche Eindrücke tiefer zu verarbeiten als die meisten Menschen. Diese Eigenschaft kann Anlass zu intensiver Freude, aber auch eine echte Herausforderung sein.

In meinem Buch *The Highly Sensitive Person's Survival Guide* habe ich Hunderte von Strategien zur Bewältigung einer Sinnesüberreizung vorgestellt. Dieses Begleitbuch liefert eine Reihe wöchentlicher Übungen, die hochsensiblen Menschen dabei helfen, inneren Frieden zu finden. Für all jene, die das Vorgängerbuch gelesen haben, ist dies eine gute Gelegenheit, die Strategien zur Stressbewältigung vor der Anwendung noch einmal durchzugehen. Für all jene, die das erste Buch nicht gelesen haben, ist es wichtig, sich Zeit für die Lektüre jedes einzelnen Abschnitts zu nehmen, um die neuen Informationen in Ruhe verarbeiten zu können.

Anleitung zur Verwendung dieses Buches

In diesem Begleitbuch stelle ich zahlreiche inspirierende Übungen vor, mit denen Sie lernen können, ein harmonisches Leben in Wohlbefinden zu leben. Insgesamt deckt das Buch 52 unterschiedliche Bereiche ab – das heißt, für jede Woche des Jahres bietet es ein Thema, an dem Sie arbeiten können. Am besten widmen Sie sich jede Woche jeweils einer Übung, um die neuen Techniken schrittweise in Ihr neues Leben zu integrieren. Wenn Sie möchten oder mehr Zeit brauchen, um die notwendigen positiven Veränderungen zu erzielen, können Sie auch länger als eine Woche auf jede Übung verwenden. Setzen Sie sich nicht unter Druck, alle Übungen durchzuführen. Nachdem Sie die Beschreibung der jeweiligen Übung gelesen haben, setzen Sie sich still hin und fühlen Sie in sich hinein, ob Sie bereit sind, die vorgesehene Übung durchzuführen. Als HSM sind Sie ein intuitiver Mensch und werden wissen, welche Übungen Ihnen zusagen. Nehmen Sie sich einige Minuten Zeit, um zu überlegen, was Sie aufschreiben wollen, bevor Sie mit einer Übung beginnen. Dieses Buch gehört nur Ihnen, versuchen Sie also, Ihre Antworten nicht zu beurteilen. Schreiben Sie auf, was Sie in Ihrem Herzen empfinden, so als würden Sie Tagebuch schreiben. Natürlich können Sie die Antworten auch in Ihren PC eingeben, ganz so, wie es Ihnen am liebsten ist.

Einige der hier vorgestellten Tipps mit einem engen Freund, einer Freundin oder dem Lebenspartner zu besprechen, ist eine ausgezeichnete Methode, um Unterstützung bei Ihrer Umsetzung der gewünschten Veränderungen zu bekommen. Nachdem Sie eine Übung durchgeführt haben, hilft es Ihnen vielleicht, die beabsichtigten Veränderungen in einen Kalender einzutragen oder eine Liste an Aktivitäten zu erstellen, denen Sie sich in der entsprechenden Woche widmen wollen. Der Schlüssel zu einem glücklichen Leben liegt für hochsensible Menschen in einer guten Planung. Es ist sehr wichtig, einer Reizüberflutung gezielt und frühzeitig vorzubeugen, zum Beispiel, indem Sie Ohrstöpsel oder Kopfhörer mitnehmen, wenn Sie sich in eine laute Umgebung begeben.

Wie dieses Buch aufgebaut ist

Die wöchentlichen Übungen, die in diesem Buch vorgestellt werden, unterteilen sich in 13 verschiedene Abschnitte oder Themenbereiche. Im ersten Abschnitt werden Sie erfahren, wie Sie Ihre Gewohnheiten verändern können, indem Sie Ihr Überzeugungssystem unter die Lupe nehmen, fehlgeleitete Überzeugungen ablegen und Stressfaktoren in Ihrem Leben identifizieren sowie mittels Brainstorming mögliche Lösungsansätze formulieren. Im nächsten Abschnitt werden Sie Methoden zur Steigerung Ihrer Selbstachtung erlernen, indem Sie sich auf die positiven Merkmale einer hohen Sensibilität konzentrieren und beobachten, wie Sie sich vom sozialen Druck beeinflussen lassen. Außerdem werden Sie üben, Ihr Umfeld über Ihre psychische Besonderheit aufzuklären.

Als Nächstes werden Sie erfahren, wie Sie eine morgendliche Routine entwickeln, die verschiedene Körperübungen und Meditationspraktiken beinhaltet. Ebenso werden Sie eine abendliche Routine entwickeln, indem Sie sich vor dem Schlafengehen beruhigenden, entspannenden Aktivitäten widmen und einen Plan zur Verbesserung Ihres Nachtschlafs entwickeln. Im darauffolgenden Abschnitt werden Sie verschiedene Techniken kennenlernen, mit denen Sie Ihre fünf Sinne zur Ruhe bringen können, und erfahren, wie Sie sich regelmäßig kurze Rückzüge ermöglichen.

Der sechste Abschnitt stellt dann Entspannungstechniken vor, die Ihnen dabei helfen werden, den täglichen Druck unserer hektischen, reizüberfluteten Welt zu bewältigen. Anschließend stelle ich Ihnen eine neue, beruhigende Ernährungsweise für hochsensible Menschen vor. Danach werden Sie spezifische Körperübungen erlernen, die auf das Temperament eines HSM abgestimmt sind, und ich zeige Ihnen, wie Sie eine regelmäßige Übungsroutine entwickeln. Indem Sie mehr über die medizinischen Bedürfnisse eines HSM erfahren, lernen Sie auch, die richtigen Vitamine, Kräuter und natürlichen Heilmittel auszuwählen.

Im zehnten Abschnitt werden wir das Themengebiet HSM und Beziehungen erforschen. Sie werden neue Fertigkeiten erlernen und innovative Übungen kennenlernen, mit denen Sie harmonische Beziehungen pflegen können. Anschließend werden Sie erfahren, wie Sie Ihre Beziehungen verbessern können, wenn Sie anderen auf einer spirituellen Ebene begegnen. Und Sie lernen, mithilfe von Visualisierungen Wunden aus der Vergangenheit zu heilen.

Der zwölfte Abschnitt vermittelt zahlreiche Techniken zur Schaffung einer friedvollen Arbeitsatmosphäre, einschließlich einer neuen, stressfreien Arbeitsumgebung. Und schließlich werden Sie erfahren, wie die Entwicklung seiner spirituellen Orientierung einem HSM helfen kann und wie Sie spirituelle Erfahrungen in Ihren Alltag integrieren können.

Lassen Sie uns nun gemeinsam zu dem aufregenden Abenteuer aufbrechen, ein neues Leben in innerem Frieden zu führen.

GEWOHNHEITEN

Ihr Überzeugungssystem

Einer der Schlüssel zu positiven Veränderungen in Ihrem Leben liegt in dem festen Entschluss, Gewohnheiten abzulegen, die Ihnen bislang Unbehagen bereitet haben. Der feste Entschluss, neue Methoden in Ihren Alltag zu integrieren, entscheidet über den Erfolg. Verpflichten Sie sich selbst darauf, die nötige Zeit und Energie in die Durchführung der nachfolgenden wöchentlichen Übungen zu investieren und sie zu einer Alltagsroutine zu machen. Wenn Sie die Anregungen aus diesem Buch umsetzen, werden Sie feststellen, dass Ihre Lebenszufriedenheit steigt, und damit wächst auch Ihre Motivation, weitere Veränderungen vorzunehmen.

Zunächst wollen wir untersuchen, wie Ihr Überzeugungssystem Ihre Gedanken, Gefühle und Ihr Verhalten als HSM beein-

flusst. Die meisten Kinder haben von ihren Eltern, Lehrern, Spiel-
gefährten und den Medien gelernt, dass man nur glücklich sein
kann, wenn man ein anregendes Leben auf Basis äußerer Errungenschaften und Anerkennung führt, zum Beispiel, indem man
viel Geld verdient, den perfekten Partner findet und beruflich erfolgreich ist. Der Versuch, ein Selbstwertgefühl zu entwickeln, das
ausschließlich von äußeren Erfolgsmaßstäben abhängt, kann bei
einem nachdenklichen, sensiblen Menschen Ängste und Spannun-
gen verursachen.

Uns allen wurden Werte vermittelt – von unserer Familie, unseren Freunden, Lehrern und den Medien; Werte, die unsere Überzeugungen geprägt haben. Zum Zweck dieser Übung konzentrieren
Sie sich auf Überzeugungen, von denen Sie den Verdacht haben,
dass sie eigentlich nicht zu Ihnen passen oder dass sie Ihnen das
Leben erschweren. Schreiben Sie sie auf. Nehmen Sie sich Zeit, um
über die Werte nachzudenken, die man Ihnen als Kind vermittelt
hat, und wie diese Werte zu Überzeugungen wurden, die Ihrem
Selbstwertgefühl schaden. Folgende Beispiele gehören dazu:

– Wenn ich keine guten Noten habe, bin ich ein Versager.
– Wenn ich kein gutes Gehalt verdiene, wird das Leben schwierig.
– Wenn ich keinen Lebenspartner finde, werde ich mich einsam
  und elend fühlen.
– Gefühle zu zeigen, ist gefährlich.
– Wenn ich kein guter Sportler bin, wird man mich für »uncool«
  halten.
– Wenn ich nicht gut angezogen bin, wird man auf mich herab-
  sehen.
– Ich sollte nichts an mich herankommen lassen.

Sehen Sie sich nun Ihre Liste an. Welche fehlgeleiteten Überzeugungen haben Sie verinnerlicht, würden sie aber gerne loswerden?
Kreuzen Sie sie an.

Erstellen Sie nun eine Liste der Überzeugungen, die Sie sich gerne aneignen würden. Zum Beispiel:

- Echte Zufriedenheit kommt aus innerem Frieden, nicht von äußerem Reichtum.
- Wenn ich meine Gefühle zeige, pflege ich meine Seele.
- Stille Aktivitäten erfreuen mich mehr als ständiges Ausgehen.
- Ich bin mit meinem Single-Dasein zufrieden.
- Wenn ich meine Augen schließe und fühle, wie sanfte Energie durch meinen Körper strömt, weiß ich, dass ich keine äußerlich messbaren Errungenschaften brauche, um zufrieden zu sein.

Wenn Sie in dieser Woche irgendeine Anspannung empfinden, nehmen Sie sich jeden Tag die Zeit, um herauszufinden, ob Ihr Stress auf fehlgeleiteten Überzeugungen beruht, die Sie seit Ihrer Kindheit mit sich herumschleppen. Versuchen Sie bewusst, die alten, überkommenen Überzeugungen abzuschütteln, und ersetzen Sie sie durch neue Überzeugungen, die den inneren Frieden hochsensibler Menschen fördern.

GEWOHNHEITEN

Nehmen Sie Veränderungen in Ihrem Leben vor

Es ist wichtig, dass Sie versuchen, jede Situation in Ihrem Leben, die Ihnen Stress verursacht, zu ändern. Ihre häusliche und berufliche Umgebung sind die wichtigsten Faktoren, die Ihre Fähigkeit bestimmen, ein Leben in innerem Frieden zu führen. Daher ist es unerlässlich, dass Sie alles in Ihrer Macht Stehende tun, um diese Umgebungen harmonisch zu gestalten. Wenn Sie erkannt haben, dass eine bestimmte Situation Sie in innere Anspannung versetzt, versuchen Sie, die stresserzeugenden Umstände zu verändern. Falls das nicht möglich ist, überlegen Sie sich, ob Sie die Quelle dieser Anspannung nicht verlassen wollen.

Welche Situationen in Ihrem Leben erzeugen bei Ihnen Stress und innere Anspannung? Zum Beispiel:

- ein zu hoher häuslicher Geräuschpegel, wenn ich abends nach Hause komme
- Gewalt in den Medien
- ein hoher Arbeitsdruck
- laute Nachbarn
- der Druck, oft mit meinem Partner ausgehen zu müssen

Nehmen Sie sich Zeit, um sich Möglichkeiten zur Veränderung dieser anstrengenden und stressigen Situationen zu überlegen. Wenn Sie Ihre Gewohnheiten ändern, sollten Sie behutsam mit sich selber umgehen und diese Veränderungen schrittweise vollziehen. Mit fortschreitender Lektüre dieses Buches werden Sie viele neue Ideen kennenlernen, die Ihnen helfen, Ihre derzeitigen Probleme zu lösen. Im Moment sollten Sie sich aber einfach nur für einige Minuten mögliche Lösungsansätze überlegen. Haben Sie irgendwelche Gewohnheiten, die Ihnen Stress verursachen? Welche neuen, stressfreien Gewohnheiten könnten Sie sich stattdessen zulegen? Schreiben Sie so viele Ideen auf wie nur möglich. Nachfolgend einige Beispiele:

- lesen
- meditieren
- Tagebuch schreiben
- Kräutertee trinken
- kurze Spaziergänge als kleine Arbeitsunterbrechung machen
- Entspannungsmusik hören

In den folgenden Wochen werden Sie allmählich alte Gewohnheiten abwerfen, die Sie belasten. Nun sind Sie bereit, sich neue, praktische Techniken anzueignen, die Ihnen ein freud- und friedvolles

Leben bescheren. Genießen Sie in dieser Woche die Bestimmung und allmähliche Entwöhnung von Angewohnheiten, die Sie als belastend empfinden, und deren schrittweisen Ersatz durch neue Aktivitäten, die Ihnen innere Zufriedenheit schenken.

SELBSTWERTGEFÜHL

3.
WOCHE

Froh, ein HSM zu sein

Als HSM finden Sie es wahrscheinlich anstrengend, in einer Gesellschaft zu leben, die sich durch Aggression und Reizüberflutung auszeichnet. Da hochsensible Menschen eine Minderheit der Bevölkerung darstellen, haben Sie möglicherweise die Standardwerte unserer reizintensiven, unsensiblen Gesellschaft verinnerlicht. Wenn Sie an Werten festhalten, die Ihre wahren Bedürfnisse negieren, haben Sie vielleicht das Gefühl, Sie würden sich selbst verleugnen. Das ist ein Patentrezept für ein geringes Selbstwertgefühl.

Die meisten Menschen verharren in emotional destruktiven Situationen, weil ihr geringes Selbstwertgefühl ihnen sagt, dass sie nichts anderes als Leiden verdienen. Sie bringen sich selbst keine Wertschätzung entgegen, weil sie glauben, mit ihnen stimme etwas nicht. HSM können sich unbewusst in emotional destruktive Situationen verwickeln lassen, wenn sie verzweifelt versuchen, ihre fiktive Identität aufrechtzuerhalten. Es ist Zeit, diese falsche Überzeugung abzulegen, dass mit Ihnen etwas nicht stimmt, nur weil Sie sensibler als die meisten Menschen sind.

Ihre positiven sensiblen Eigenschaften

Zwar können unsere Eigenschaften anstrengend sein, aber sie bergen auch einige großartige Vorzüge:

- Wir sind sehr bewusste und loyale Menschen.
- Wir besitzen die Fähigkeit, eine tiefe Wertschätzung für Musik, Schönheit und Kunst zu entwickeln.
- Wir können aufgrund unserer sensiblen Geschmacksknospen köstliche Speisen wertschätzen und aufgrund unseres empfindsamen Geruchssinns Aromen besonders intensiv genießen.
- Wir sind intuitiv und neigen zu tiefen spirituellen Erfahrungen.
- Wir erkennen potenzielle Gefahren schneller als weniger sensible Menschen, zum Beispiel, indem unsere Haut zu prickeln beginnt.
- Wir sind sehr auf Sicherheit bedacht und werden die Ersten sein, die wissen, wie man im Notfall ein Gebäude verlässt.
- Wir tragen dazu bei, positive Veränderungen in unserer Umgebung zu erzeugen, zum Beispiel Rauch-, Lärm- und Verschmutzungsverbote.
- Wir plädieren für eine humane Behandlung von Tieren.
- Wir sind tendenziell freundliche, mitfühlende und kreative Menschen, was uns zu geborenen Beratern, Lehrern und Heilern macht.
- Wir empfinden einen großen Enthusiasmus für das Leben und erleben Liebe und Freude intensiver als weniger sensible Menschen (wenn wir uns nicht überfordert fühlen).

Welche der hier genannten Eigenschaften haben Sie an sich festgestellt? Gibt es weitere? Notieren Sie die spezifischen Beispiele, in denen sich Ihre Sensibilität in Ihrem Leben positiv geäußert hat.

Verbringen Sie diese Woche jeden Tag ein wenig Zeit damit, Ihre wunderbaren sensiblen Eigenschaften wertzuschätzen und die Liste zu verlängern, wenn Sie sich an weitere spezifische Beispiele erinnern, in denen sich Ihre sensiblen Eigenschaften in Ihrem Leben positiv geäußert haben.

Wenn Sie Ihre wundervollen Qualitäten als hochsensibler Mensch wertschätzen, wird Ihr Selbstwertgefühl steigen. Wenn sich die richtige Gelegenheit ergibt, versuchen Sie, mit Ihrer Familie, Ihren Freunden und Kollegen über Beispiele Ihrer positiven sensiblen Eigenschaften zu sprechen.

SELBSTWERTGEFÜHL

4. WOCHE

Eine Gesellschaft, die aus dem Gleichgewicht geraten ist

Eine weitere Methode, um Ihr Selbstwertgefühl zu steigern, besteht darin anzuerkennen, dass mit Ihnen alles stimmt, wir aber in einer Gesellschaft leben, die aus dem Gleichgewicht geraten ist. Die allgemeine Reizüberflutung hat in den letzten 30 Jahren auf alarmierende Weise zugenommen. HSM haben aufgrund ihrer nervlichen Konstitution große Probleme, sich in diese aggressive, frenetische Welt einzufügen.

Schreiben Sie einige Beispiele auf, die Ihrer Meinung nach belegen, dass die Gesellschaft aus dem Gleichgewicht geraten ist, und notieren Sie, auf welche Weise sich das auf Sie ausgewirkt hat. Dazu gehören:

- Verkehrsstaus und eine aggressive Fahrweise
- gigantische, unpersönliche und überfüllte Megamärkte
- steigende Gewalt in der Gesellschaft, zum Beispiel in Form von Schießereien an Schulen und gewalttätigen Songtexten
- die zunehmende Nutzung von Computern und Mobiltelefonen
- Tausende Fernsehkanäle mit einer Vielzahl von Zeichentrick-sendungen voller Sex und Gewalt

Stellen Sie sich nun vor, Sie lebten vor 30 oder 40 Jahren. Notieren Sie, welche äußeren Einflüsse Ihnen geholfen hätten, eine größere innere Ruhe zu empfinden. Hier einige Beispiele:

- Mein täglicher Weg zur Arbeit ist kurz.
- Niemand beantwortet das Telefon. Dann rufe ich eben später an (keine Anrufbeantworter, Mobiltelefone oder E-Mails).
- Man erwartet nicht von mir, dass ich über WhatsApp oder Face-book zeitnah antworte.
- Meine Kinder haben einen sicheren Schulweg.
- Ich gehe gerne in Geschäfte, in denen mich der Besitzer mit Na-men anspricht.

Wenn Sie erkennen, wie sehr unsere Gesellschaft aus dem Gleich-gewicht geraten ist, denken Sie vielleicht neu über Ihre Bemü-hungen nach, sich an diese schnelle, aggressive Welt anzupassen. Denken Sie diese Woche jeden Tag ein paar Minuten lang darü-ber nach, warum es für Sie gesund ist, nicht zu versuchen, sich an diese reizüberflutete Welt anzupassen. Diskutieren Sie Ihre neue Sichtweise mit Ihrer Familie und Ihren Freunden.

SELBSTWERTGEFÜHL

Wie Sie Ihr Umfeld über Ihre psychische Besonderheit aufklären

Es ist sehr wahrscheinlich, dass Ihnen irgendwann jemand eingeredet hat, mit Ihnen würde etwas nicht stimmen, weil Sie sensibel sind. Machen Sie sich also darauf gefasst, dass das wieder geschieht, und überlegen Sie sich eine Antwort darauf.

Sie könnten der Person sagen: »Den Untersuchungen von Dr. Elaine Aron zufolge machen HSM rund 20 Prozent der Bevölkerung aus (und zwar über beide Geschlechter gleichmäßig verteilt). Dieses Bevölkerungssegment verfügt über ein feineres zentrales Nervensystem, daher sind wir äußerst empfänglich für positive und negative Umweltreize. Diese Reize können Lärm, Gerüche, bestimmte Lebensmittel, Chaos, Schönheit oder Schmerzen sein. Wir neigen dazu, Sinnesreize tiefer zu verarbeiten als andere Menschen. Das kann einerseits eine sehr schöne, aber auch eine sehr anstrengende Eigenschaft sein.«

Beschreiben Sie Ihre Eigenschaft mit Ihren eigenen Worten. Prägen Sie sich diese Erklärung anschließend ein, und üben Sie sie, indem Sie diese Woche an jedem Tag eine Person über Ihre Besonderheit aufklären. Vielleicht wollen Sie das zuvor in einem Rollenspiel mit einem Familienmitglied oder einem vertrauten Freund bzw. einer Freundin üben, bevor Sie sich gegenüber einem Kollegen, Nachbarn oder einer Bekanntschaft offenbaren. Oder üben Sie einfach vor dem Spiegel.

Sie sollten sich jedoch genau überlegen, wem Sie das mitteilen. Wenn Sie vermuten, Ihr Gegenüber könnte sich über Ihre Sensibilität lustig machen oder sich abfällig äußern, ist es besser, Sie sagen nichts, denn eine solch abfällige Bemerkung könnte Ihr Missbehagen noch verstärken.

MORGENDLICHE ROUTINE

6.
WOCHE

Morgendliche Übungen und Meditation

Sie können zwar kein Leben in einem Elfenbeinturm führen, aber wenn Sie sich aus der ständigen Reizüberflutung zurückziehen, können Sie eine Umgebung schaffen, die die Reize auf ein Minimum reduziert. Ein wichtiger Schritt für HSM ist die Entwicklung einer morgendlichen Routine. Diese Struktur wird dazu beitragen, dass Sie sich den ganzen Tag über zentrierter fühlen. Wenn Sie nur 20 Minuten früher aufstehen und sich beruhigenden Aktivitäten widmen, können Sie Ihren Tag in einer harmonischen Stimmung beginnen. Dann werden Sie besser für den Umgang mit äußeren Reizen gerüstet sein, die im Verlauf des Tages auf Sie einstürmen.

Körperübungen

Es ist gut, gleich nach dem Aufwachen einige Körperübungen zu machen. Das lädt den Körper mit Energie auf. Sprechen Sie jedoch gegebenenfalls zuerst mit Ihrem Arzt, bevor Sie ein Übungsprogramm beginnen. Mit welcher Übung möchten Sie diese Woche gerne Ihren Tag beginnen? Zum Beispiel:

– sanftes Stretching
– Hatha Yoga
– Tai-Chi
– auf der Stelle gehen
– Kraftübungen, zum Beispiel Sit-ups oder Liegestütze, die Sie langsam und konzentriert ausführen

Beginnen Sie jeden Tag, indem Sie einige Minuten lang die Übung ausführen, die Ihnen am meisten zusagt. Um sich selbst an Ihre neue Routine zu erinnern, können Sie sich einen Erinnerungszettel auf den Nachttisch legen oder an Ihren Badezimmerspiegel klemmen.

Meditation

Wenn Sie Ihre Körperübungen abgeschlossen haben, sollten Sie mindestens 15 Minuten lang eine Meditationsübung durchführen. Auf den nächsten Seiten werden einige Meditationspraktiken beschrieben. Diese Woche beginnen Sie einfach mit der folgenden Atemübung. Vielleicht hilft es Ihnen, einige der in den folgenden vier Wochen vorgestellten Meditationen mit einem Diktiergerät oder als MP3 aufzunehmen. Alternativ können Sie sich die Visualisierungen auch von einem Partner oder Freund vorlesen lassen.

Übung Tiefenatmung

Nehmen Sie eine bequeme Sitzhaltung ein, und schließen Sie die Augen. Atmen Sie langsam durch die Nase tief in Ihren Unterleib ein, während Sie bis fünf zählen. Halten Sie den Atem fünf Sekunden lang an ... Anschließend atmen Sie fünf Sekunden langsam wieder aus. Fühlen Sie, wie Ihr Körper sich mit jedem Atemzug mehr und mehr entspannt.

Wiederholen Sie die langsame, tiefe Atemübung erneut ... Erleben Sie, wie ruhig und friedlich sich Ihr Körper mit jedem Atemzug anfühlt. Beobachten Sie Ihre Gedanken einfach, wenn sie auftreten ... und dann kehren Sie wieder zu Ihrer Atmung zurück. Atmen Sie Ruhe und Frieden ein ... Halten Sie die Luft an ... und atmen Sie jeden Stress aus.

Während des Ein- und Ausatmens können Sie im Geiste ein Mantra wiederholen, zum Beispiel die Worte »Frieden« oder »Ruhe«. Vielleicht finden Sie es angenehmer, in kürzeren Abständen als fünf Sekunden ein- bzw. auszuatmen. Wählen Sie den Rhythmus, der für Sie angenehm ist. Während Sie Ihre Atmung beobachten oder Ihr Mantra wiederholen, werden Sie beginnen, sich im gegenwärtigen Augenblick ruhig zu fühlen, anstatt sich von unzähligen Gedanken nervös und unsicher machen zu lassen.

Erinnern Sie sich

Eine effektive Methode, um sich zu Ihrer täglichen Routine zu motivieren, besteht darin, sich in dieser Woche in den Kalender einzutragen, dass Sie den Wecker jeden Tag um 20 Minuten vorstellen. Halten Sie diesen Termin mit sich selbst ein, so wie Sie einen Arzttermin einhalten. Sie werden zu Ihrem eigenen Heiler, also stellen Sie den Wecker und machen Sie sich bewusst, dass diese einfache Morgenroutine Ihren inneren Frieden und Ihre Freude im Tagesverlauf steigern wird.

MORGENDLICHE ROUTINE

7.
WOCHE

Progressive Entspannung

Jetzt, da Sie mit Tiefenatmung vertraut sind, können Sie mit progressiver Entspannung beginnen. Darunter versteht man tiefe, langsame Atemzüge, bei denen Sie nach und nach alle Muskeln Ihres Körpers vollständig entspannen. Probieren Sie diese Woche jeden Tag die folgende Übung aus, und achten Sie darauf, wie friedlich Sie sich am Ende der Visualisierung fühlen. Am leichtesten ist es, diesen Text aufzunehmen, damit Sie ihn anhören können, statt ihn zu lesen. Oder Sie besorgen sich eine CD mit entsprechenden Meditationstexten.

Konzentrieren Sie Ihre Aufmerksamkeit auf Ihren Scheitel, und fühlen Sie, wie sich Ihre Schädelmuskulatur entspannt ... Wenn Ihre Kiefermuskulatur verspannt ist, öffnen Sie leicht den Mund und achten Sie bewusst darauf, Ihren Kiefer zu entspannen. Ihre Augen entspannen sich ... Ihre Gesichtsmuskeln ... Ihre Lippen ... Ihre Wangen. Ihr ganzer Kopf ist nun vollständig entspannt. Atmen Sie tief und lange ein ... Halten Sie den Atem an ... dann atmen Sie ganz langsam aus und lassen dabei alle Anspannung aus Ihrem Nacken entweichen.

Entspannen Sie Ihre Schultern ... Fühlen Sie, wie jedes Gewicht, das Sie mit sich herumschleppen, von Ihren Schultern abfällt und diese locker und frei werden. Vielleicht wollen Sie sie sanft kreisen.

Spüren Sie, wie ein warmer, kribbelnder Energiestrom langsam Ihren rechten Oberarm hinabfließt ... bis zu Ihrem rechten Unterarm und durch die rechte Hand bis in die Fingerspitzen ... Spüren Sie, wie gut es sich anfühlt, die Spannung aus Ihrem Kopf und Nacken, aus Schulter und Arm entweichen zu lassen und die Energie bis in Ihre Fingerspitzen fließen zu fühlen ... Die gleiche Energie senden Sie nun Ihren linken Oberarm hinab ... durch Ihren linken Unterarm ... bis in Ihre linke Hand ... während alle Anspannung aus den Fingerspitzen entweicht.

Wenn Ihnen ein Gedanke durch den Kopf schießt, dann beobachten Sie ihn einfach und kehren anschließend zu Ihrer Atmung zurück. Spüren Sie nun, wie sich Ihre Brust tiefenentspannt. Ihr Bauch ist entspannt, und Ihr Unterbauch hebt und senkt sich mit jedem Atemzug.

Visualisieren Sie, wie Ihre obere Rückenpartie sanft massiert wird und sich alle Muskeln nacheinander entspannen ... danach der mittlere Rücken ... und anschließend der Lendenwirbelbereich ... Spüren Sie tief in sich hinein, wie sich Ihre Rückenmuskeln mit jedem Atemzug weiter entspannen.

Fühlen Sie, wie sich Ihr Gesäß entspannt ... Lassen Sie alle Anspannung aus Ihrem rechten Oberschenkel entweichen ... Ihrem rechten Knie ... und der rechten Wade. Visualisieren Sie, wie aus Ihrem rechten Fuß jegliche Anspannung herausmassiert wird und durch die Fußsohle entweicht.

Atmen Sie langsam und bewusst ... und beginnen Sie nun, Ihren linken Oberschenkel zu entspannen ... das linke Knie ... die linke Wade ... Visualisieren Sie, wie Ihr linker Fuß sanft massiert wird und die Anspannung aus der linken Fußsohle entweicht.

Ihr gesamter Körper entspannt sich nun vollkommen, während Sie tiefer und tiefer in einen wohligen Zustand eintauchen ... jede Zelle Ihres Körpers fühlt sich warm und friedlich an.

Stellen Sie sich nun vor, Sie befänden sich an einem stillen Ort in der Natur ... vielleicht in den Bergen ... oder am Meer ... oder einem Flussufer. Achten Sie auf die wunderbaren Farben der Blumen ... das üppige Grün der Bäume ... und das glitzernd blaue Wasser ... Sehen Sie dieses wunderschöne Naturschauspiel klar und deutlich vor Ihrem geistigen Auge. Welche weiteren schönen Ansichten bieten sich Ihnen?

Welche Klänge hören Sie? Die Melodien der Vogelstimmen? Das Plätschern des Wassers? Spüren Sie die sanfte Wärme der Sonne auf Ihrem Körper, während Sie im weichen Gras oder Sand liegen. Können Sie den süßen Duft der Blumen riechen? Den salzigen Geruch des Meeres oder die klare Bergluft?

Verharren Sie in dieser ländlichen Umgebung, solange Sie möchten, und wenn Sie bereit sind, öffnen Sie langsam wieder die Augen und geben sich selbst mit auf den Weg, dieses tiefe Gefühl inneren Friedens und stiller Freude den ganzen Tag über zu bewahren.

Hinweis: Lassen Sie sich zudem in Ihrer Buchhandlung beraten, oder recherchieren Sie im Internet, welche CDs es gibt.

MORGENDLICHE ROUTINE

8.
WOCHE

Zentrierende Meditation

Da hochsensible Menschen so leicht von der Stimmung anderer Menschen beeinflussbar sind, ist es wichtig, dass sie Techniken praktizieren, mit denen sie sich auf sich selbst besinnen. In dieser Woche werden Sie eine effektive zentrierende Visualisierung kennenlernen, die Sie auch wieder am besten jeden Morgen ausführen.

Nehmen Sie eine bequeme Sitzhaltung ein und schließen Sie die Augen. Nach einigen Minuten der Tiefenatmung stellen Sie sich vor, eine weiche, flexible grüne Schnur sei an Ihrer Lendenwirbelsäule befestigt. Beobachten Sie diese Schnur ganz genau ... sie bewegt sich langsam von Ihrer Wirbelsäule zum Boden ... Stellen Sie sich zwei weitere grüne Schnüre vor, die an Ihren Fußsohlen befestigt sind ... Visualisieren Sie nun, wie sich alle drei grünen Schnüre auf der Erdoberfläche treffen und ein langes, dickes grünes Seil bilden ...

Beobachten Sie das lange grüne Seil, und sehen Sie zu, wie es von der Schwerkraft immer stärker zur Erdmitte hingezogen wird ... Das Seil zieht sich nun nacheinander durch viele Schichten festen Gesteins ... immer tiefer und tiefer ... Sie können förmlich sehen, wie es sich auf die Erdmitte zubewegt.

Schließlich erreicht das Seil die Erdmitte. Dort verankert es sich, und Sie beginnen langsam, ruhige, zentrierte und stabile Energie aus den Tiefen der Erdmitte einzuatmen ... Visualisieren Sie, wie die Energie mit jedem Einatmen allmählich an die Erdoberfläche vordringt. Die Energie steigt mühelos auf ... erreicht die Erdoberfläche ... dringt durch den Boden und in Ihre Fußsohlen ein. Sie spüren die Energie in Ihren Beinen aufsteigen ... Sie fühlen sich stabil und zentriert wie ein Fels. Spüren Sie nun, wie die Erdenergie in Ihre Lendenwirbelsäule eindringt ... die heitere, zentrierte Energie fühlt sich so beruhigend an. Spüren Sie, wie die Erdenergie langsam entlang Ihrer Wirbelsäule aufsteigt ... beginnend am unteren Rücken ... dann durch den mittleren Rücken ... und schließlich den oberen Rücken ... bis zu Ihrem Nacken ... und von dort aus bis zu Ihrem Scheitel ... Sie fühlen sich zentriert, ruhig und stark, während diese erdverbundene Energie durch Ihr gesamtes Sein zirkuliert ... und jede Zelle Ihres Körpers auflädt. Atmen Sie einige Momente in diese Energie hinein ... Sie sind ruhig, zentriert und glücklich ... Sie sind ruhig, zentriert und glücklich ... Sie sind ruhig, zentriert und glücklich ...

Diese Visualisierung können Sie zu jeder Tageszeit wiederholen, insbesondere wenn Sie spüren, dass sich Ihre Stimmung von anderen Menschen negativ beeinflussen lässt.

MORGENDLICHE ROUTINE

White-Light-Meditation

Eine weitere Methode, mit der Sie sich vor negativer Energie schützen können, ist die Visualisierung eines weißen Lichts, das Ihren Körper einhüllt. Das ist eine sehr wirkungsvolle Technik, mit der Sie sich auf Ihre Mitte besinnen können, bevor Sie zum Beispiel einen großen Raum mit vielen Menschen betreten. Probieren Sie diese Visualisierung aus, und beobachten Sie, ob Sie sich nach dem Umgang mit anderen Menschen ruhiger fühlen.

Nachdem Sie einige Minuten Tiefenatmung praktiziert haben, stellen Sie sich vor, ein kristallklares weißes Licht würde Ihren Körper einhüllen ... Achten Sie darauf, wie das schimmernde Licht jeden Zentimeter Ihrer Haut bedeckt. Beobachten Sie ganz genau, wie stark dieser Schutzschild ist ... Stellen Sie sich vor, wie negative Energie von diesem undurchdringlichen Schutzschild abprallt und zu seiner Quelle zurück-

kehrt … Sie sind sicher und geschützt. Sie sind sicher und geschützt. Sie sind sicher und geschützt …

Während dieser Meditationsübungen werden nahezu unweigerlich negative Gedanken über die Vergangenheit oder Zukunft auftauchen. Sobald Sie sich bewusst machen, dass sich in Ihrem Kopf ein negativer Gedanke bildet, verliert er an Macht über Sie, weil Sie einfach zu Ihrer Meditation zurückkehren.

Meditation ist eine ideale Methode, um sich morgens auf die eigene Mitte zu besinnen, aber es ist vor allem wichtig, dass Sie eine Entspannungsübung finden, mit der Sie Ihre Seele pflegen. Vielleicht haben Gebete, Selbstreflexion oder die Angewohnheit, Erfahrungen und Erlebnisse aufzuschreiben, eine beruhigende Wirkung auf Ihr Nervensystem. Einige HSM ziehen es vor, ihren Tag mit spirituell anregender Lektüre zu beginnen.

Wählen Sie die Methode aus, mit der Sie sich am besten zentrieren können, und führen Sie sie jeden Morgen gleich nach dem Aufwachen durch. Vielleicht wollen Sie jeden Tag eine andere Technik ausprobieren oder die ganze Woche die gleiche Übung machen. Hier einige Beispiele:

- Tiefenatmung
- progressive Entspannung
- zentrierende Meditation
- White-Light-Meditation
- Gebet
- Schreiben
- Selbstreflexion
- anregende spirituelle Lektüre
- eine andere Form der Meditation

Mit Ihrer Morgenroutine legen Sie das Fundament für eine lebenslange tägliche morgendliche Selbstbesinnung!

Nach der morgendlichen Routine ist es wichtig, in aller Ruhe ein nahrhaftes Frühstück zu sich zu nehmen und sich genügend Zeit für den Weg zur Arbeit zu nehmen. Es wäre gut, wenn Sie am Wochenende zur gleichen Uhrzeit aufstehen wie an Wochentagen, damit Sie am Sonntagabend müde sind und Ihr Schlafrhythmus nicht aus dem Takt gerät.

ABENDROUTINE

10.
WOCHE

Stressabbau am Abend

Genauso wichtig wie die morgendliche Routine ist für hochsensible Menschen eine regelmäßige Abendroutine, die stressabbauend wirkt und einen gesunden Schlaf fördert.

Es ist wichtig, dass Sie abends entspannenden Tätigkeiten nachgehen, zum Beispiel, indem Sie ruhige Gespräche führen oder vor dem Schlafengehen Bücher lesen, die Sie nicht in Unruhe versetzen. Verzichten Sie spätabends auf anregende Fernsehsendungen oder Filme oder Internetsurfen. Für HSM ist es wichtig, die negativen Einflüsse der Medien zu minimieren, insbesondere abends. Lassen Sie mindestens 30 Minuten vor dem Zubettgehen den Tag innerlich noch einmal Revue passieren.

Beruhigende Abendaktivitäten

Der Abend ist ein ausgezeichneter Zeitpunkt für eine der Meditationstechniken, die Sie in den letzten Wochen praktiziert haben. Vielleicht möchten Sie auch ruhige Musik oder eine Entspannungs-CD hören. Es ist wichtig, dass Sie keinen stimulierenden Aktivitäten nachgehen, um Ihr vegetatives Nervensystem zu beruhigen und auf die Nacht vorzubereiten.

Welche beruhigenden Abendaktivitäten sagen Ihnen zu? Nehmen Sie sich jeden Abend mindestens 30 Minuten vor dem Zubettgehen Zeit, etwas Entspannendes zu machen:

- ein schönes Buch lesen
- Tagebuch schreiben
- mit Kopfhörer meditieren
- progressive Entspannung durchführen
- ein warmes Bad mit Bittersalz oder Lavendelöl nehmen
- ruhige Musik oder eine Entspannungs-CD hören
- Kamillentee trinken
- Ihren Körper mit Aromaölen verwöhnen

So, wie Sie Ihre morgendliche Routine in den Kalender eingetragen haben, verpflichten Sie sich diese Woche dazu, jeden Abend 30 Minuten vor dem Zubettgehen einer entspannenden Aktivität nachzugehen.

ABENDROUTINE

Schlafprobleme

Aufgrund Ihrer Sensibilität für äußere Reize und Ihrer Schwierigkeiten, sich nach einer Reizüberflutung zu entspannen, fällt es Ihnen vielleicht schwer, nachts gut zu schlafen. In meinen Untersuchungen auf Basis von Fragebögen, die meine hochsensiblen Seminarteilnehmer ausgefüllt haben, habe ich festgestellt, dass viele HSM unter Einschlaf- oder Durchschlafproblemen leiden. Wenn Ihre Schlafstörungen keine physiologische Ursache haben, ist wahrscheinlich Ihr hochempfindliches vegetatives Nervensystem dafür verantwortlich.

Wenn wir einer Reizüberflutung ausgesetzt sind, werden Stresshormone ausgeschüttet, die unser zentrales Nervensystem aktivieren. Wir gewöhnen uns an eine erhöhte Muskelanspannung, einen erhöhten Herzschlag und Blutdruck sowie an eine erhöhte Wahrnehmungsschärfe. Alle diese Faktoren wirken sich negativ auf einen erholsamen Nachtschlaf aus.

Gehen Sie früh zu Bett

Die optimale Uhrzeit, um ins Bett zu gehen, ist 22 Uhr oder früher. Aufgrund des natürlichen Biorhythmus fällt das Einschlafen vor 22 Uhr leichter. Je mehr es auf Mitternacht zugeht, desto schwerer ist es einzuschlafen.

Um welche Uhrzeit gehen Sie zu Bett? Falls Sie nach 22 Uhr schlafen gehen, schreiben Sie auf, was Sie davon abhält, früher ins Bett zu gehen. Welche Veränderungen können Sie vornehmen? Hier einige Beispiele:

– Schalten Sie schon früh am Abend den Fernseher aus.
– Bringen Sie Ihre Kinder früher ins Bett.
– Vermeiden Sie spätabendliche Gespräche mit Familienmitgliedern.

Wenn Sie unter Einschlaf- und Durchschlafproblemen leiden, versuchen Sie, diese Woche eine Stunde früher ins Bett zu gehen.

Vermeiden Sie den Blick auf die Uhr

Eine der wichtigsten Regeln bei der Beseitigung von Schlafstörungen lautet, nach 20 Uhr niemals auf die Uhr zu sehen. Viele meiner Seminarteilnehmer konnten dank dieser einfachen Regel erstaunliche Erfolge bei der Bekämpfung ihrer Schlaflosigkeit verzeichnen. Der Kopf braucht einen negativen Aufhänger, um Schlafprobleme zu verankern, und einer der besten ist der Blick auf die Uhr, begleitet von der Sorge, nicht genug Schlaf zu bekommen. Sobald es auf

20 Uhr zugeht, hören Sie auf, auf die Uhr zu sehen, und warten Sie die Zeit ab, die sich für Sie ungefähr wie eine Stunde anfühlt. Anschließend beginnen Sie mit Ihrer beruhigenden Abendroutine.

Diese Woche werden Sie nach 20 Uhr nicht mehr auf die Uhr sehen. Wie können Sie diese effektive Technik anwenden? Hier einige Beispiele:

– Drehen Sie die Uhr zur Wand oder decken Sie sie ab.
– Bitten Sie Familienmitglieder um Unterstützung.
– Stellen Sie den Wecker auf eine Zeit vor 20 Uhr.

Wenn Sie es gewohnt sind, ständig auf die Uhr zu sehen, mag Sie das zunächst nervös machen. Wenn Sie sich aber einige Wochen diszipliniert haben, werden Sie merken, dass Sie sich friedlicher und ruhiger fühlen, und Ihr Schlaf wird sich so verbessern, dass Sie nachts gar nicht mehr auf die Uhr sehen wollen.

Durch den Partner verursachte Schlafstörungen

Wenn Ihr Partner einen unruhigen Schlaf hat, laut schnarcht oder Sie aufweckt, müssen Sie für dieses Problem eine Lösung finden. Nachfolgend einige Lösungsbeispiele:

– Schlafen Sie mit Ohrstöpseln, einem White-Noise-Gerät oder einem Ventilator.
– Hören Sie (möglichst mit Ohrhörern) ruhige Musik.
– Schlafen Sie in getrennten Betten.
– Denken Sie über getrennte Schlafzimmer nach.
– Suchen Sie einen Eheberater auf.

Wenn Ihr Partner kein hochsensibler Mensch ist und leicht einschläft, müssen Sie ihn darüber aufklären, wie wichtig eine ruhige Umgebung für Sie und Ihren erholsamen Nachtschlaf ist. Bitten Sie ihn um Kooperation.

ABENDROUTINE

12. WOCHE

Tipps für einen erholsamen Nachtschlaf

In der vierten Woche haben wir besprochen, dass Sie sich von unserer hektischen, reizüberfluteten Welt freimachen müssen, um inneren Frieden zu finden. Vor hundert Jahren litt fast niemand unter Schlafproblemen, weil die meisten Menschen in Kleinstädten oder auf dem Land lebten und ihr Leben mit dem Frieden und der Harmonie der Natur im Einklang war.

Schalten Sie elektronische Geräte aus

Ein Weg, um uns der ständigen invasiven Reizstimulierung zu entziehen und zu einem harmonischeren, natürlichen Zustand zurückzukehren, besteht darin, einfach unsere technischen Geräte auszuschalten. Welche Geräte können Sie diese Woche abschalten? Zum Beispiel:

– Mobiltelefon/Pager
– Radio und Fernseher
– Computer
– Anrufbeantworter
– DVD-Player

Schalten Sie nach 20 Uhr Ihre elektronischen Geräte aus, und genießen Sie die Ruhe einer natürlicheren Umgebung und Atmosphäre.

Erzeugen Sie innere Dankbarkeit

Wenn Sie feststellen, dass Sie besonders abends über ein spezifisches Problem grübeln, verbringen Sie nötigenfalls bis zu einer Stunde damit, jede mögliche Lösung aufzuschreiben. Anschließend machen Sie sich bewusst, dass weiteres Grübeln Ihnen keinen Deut bei der Lösung hilft. Also lassen Sie das Problem los. Schreiben Sie anschließend alles auf, wofür Sie in Ihrem Leben dankbar sind, damit Sie in einer positiven, stressfreien Geisteshaltung zu Bett gehen können. Denken Sie daran, dass es Ihr Kopf gewöhnt ist, sich in Probleme zu verbeißen. Sobald Ihnen ein negativer Gedanke kommt, stellen Sie ganz ruhig fest, dass das nur Ihr rastloser Geist ist, und kehren Sie anschließend zu Ihrer positiven, optimistischen Geisteshaltung zurück.

Erinnern Sie sich daran, dass Millionen von Menschen nicht einmal ihre grundlegenden Bedürfnisse, zum Beispiel nach Nahrung und Obdach, erfüllen können und keinen Zugang zu medizinischer Behandlung haben. Nachfolgend einige Beispiele, für die Sie dankbar sein können:

– Ihre Gesundheit
– Ihre Familie
– Ihre Freunde
– ausreichend Nahrung
– ein schönes Zuhause
– die Fähigkeit zu arbeiten und Geld zu verdienen
– die Chance, Ihre Hobbys zu genießen

Wie Sie in Ihrem Schlafzimmer eine schlaffördernde Atmosphäre erzeugen

Um die Reizüberflutung zu reduzieren, sollten Sie dafür sorgen, dass Ihr Schlafzimmer ein ruhiger, dunkler und sicherer Ort ist. Sie können die ruhige und heitere Atmosphäre durch sanfte Farben wie Weiß, Hellblau und Hellgrün verstärken. Sie werden leichter einschlafen, wenn Ihr Schlafzimmer kühl ist, sodass sich Ihr Körper nicht überhitzt. Außerdem sollten Sie sich vor dem Schlafengehen keinem hellen Licht aussetzen, da Licht eine Weckfunktion hat.

Welche Veränderungen können Sie diese Woche in Ihrem Schlafzimmer vornehmen, damit Sie sich dort abends ruhiger fühlen und besser schlafen können? Hier einige Beispiele:

– Halten Sie die Raumtemperatur unter 20 Grad.
– Kaufen Sie schwere, lichtundurchlässige Gardinen.
– Probieren Sie eine Schlafmaske aus.

- Verwenden Sie Ohrstöpsel und ein White-Noise-Gerät, einen Ventilator oder einen Luftfilter, um störende Geräusche auszublenden.
- Kaufen Sie sich ein Nachtlicht.
- Überlegen Sie sich, an der Wohnungstür ein Bolzen- oder Riegelschloss anzubringen.
- Kaufen Sie für Ihr Schlafzimmer ein Bild mit Naturmotiv wie zum Beispiel Monets *Wasserlilien*.

ABENDROUTINE

13. WOCHE

Wie sich körperliche Aktivität, Ernährung und Kräuter auf den Schlaf auswirken

Bewegung

Wenn wir Sport treiben, schüttet unser Körper Endorphine aus, die stressabbauend wirken und einen gesunden Schlaf fördern. Ein Mangel an Bewegung kann auch zu Schlaflosigkeit beitragen, indem der natürliche tägliche Anstieg und Abfall der Körpertemperatur verhindert wird. Sport führt nämlich zu einem Anstieg der Körpertemperatur, dem drei Stunden später ein Absinken der

Temperatur folgt, was einen gesunden Schlaf fördert. Abends sollten Sie jedoch keine Übungen machen, die Ihren Puls in Schwung bringen, weil Ihr Körper ungefähr drei Stunden braucht, bis er sich wieder vollständig abgekühlt hat. Wenn Sie sich am frühen Abend bewegen wollen, machen Sie zum Beispiel einen leichten Spaziergang oder einige sanfte Yogaübungen.

Welche Art Sport treiben Sie regelmäßig und zu welcher Uhrzeit? Wenn Sie abends Sport treiben, versuchen Sie, diese Übungen vor 18 Uhr zu machen.

Ernährung

Es dauert ungefähr zwei bis drei Stunden, bis der Körper eine Mahlzeit verdaut hat, daher kann ein spätes Abendessen zu Schlaflosigkeit beitragen. Wenn Sie vor dem Schlafengehen eine kleine Zwischenmahlzeit mit komplexen Kohlenhydraten einnehmen, zum Beispiel ein Stück Vollkornbrot oder einige Roggencracker, kann dies die Ausschüttung von Serotonin erhöhen; das ist ein Neurotransmitter, der dazu beiträgt, dass Sie müde werden.

Schwere, warme und flüssigkeitshaltige Mahlzeiten, zum Beispiel Eintöpfe, wärmen von innen und tragen ebenfalls zu einem gesunden Schlaf bei. Solche Mahlzeiten sind nahrhaft und bringen Sie in Ihre Mitte zurück, vor allem im Winter. Reduzieren Sie koffeinhaltige Lebensmittel wie Kaffee, Tee, Schokolade und Erfrischungsgetränke auf ein Minimum.

Zu welcher Uhrzeit essen Sie zu Abend? Versuchen Sie, diese Woche drei Stunden vor dem Schlafengehen zu essen.

Welche warmen, schweren und flüssigkeitshaltigen Mahlzeiten können Sie diese Woche essen? Hier einige Beispiele:

- Suppen
- Eintöpfe

- Lasagne
- Aufläufe

Nehmen Sie koffeinhaltige Nahrungsmittel zu sich? Wenn ja, überlegen Sie, wie Sie die Menge reduzieren können. Zum Beispiel, indem Sie:

- jeden Morgen etwas mehr Milch oder Kaffeeweißer verwenden
- Ihre Freunde und Verwandten um Unterstützung bei der Reduzierung koffeinhaltiger Getränke bitten
- Kräutertee statt Kaffee trinken
- auf koffeinhaltige Erfrischungsgetränke verzichten

Kräuter, die einen gesunden Schlaf fördern

Die Einnahme milder Kräutertees eine halbe Stunde vor dem Schlafengehen kann ebenfalls schlaffördernd wirken. Suchen Sie sich eine Mischung aus verschiedenen beruhigenden Kräutern, zum Beispiel Baldrianwurzel, Passionsblume, Hopfen, Rauschpfeffer oder Helmkraut. Wenn Sie jedoch jeden Abend Kräutertee trinken, kann – genau wie bei Schlaftabletten – ein Gewöhnungseffekt eintreten. Am besten trinken Sie den Kräutertee nur, wenn Sie ihn wirklich brauchen.

Schreiben Sie auf, was Sie diese Woche konkret unternehmen wollen, um sich über die beruhigende Wirkung von Kräutern kundig zu machen. Hier einige Beispiele:

- Recherchieren Sie im Internet über schlaffördernde Kräuter.
- Lesen Sie Bücher von Experten auf dem Gebiet der ganzheitlichen Medizin, zum Beispiel Deepak Chopra und Andrew Weil.
- Gehen Sie in ein Reformhaus, und lassen Sie sich über schlaffördernde Kräuter beraten.

Wenn Sie mit Ihren täglichen Körperübungen beginnen, ausgewogene und beruhigende Mahlzeiten zu sich nehmen, möglichst auf koffeinhaltige Nahrungsmittel verzichten und einige milde Kräuter zu sich nehmen, wird sich Ihr Schlaf diese Woche verbessern.

ABENDROUTINE

14.
WOCHE

Wie Sie positive Gedanken über den Schlaf entwickeln

Eine der wichtigsten Regeln zur Verbesserung Ihrer Schlafqualität ist, eine positive Einstellung zu entwickeln. Negative Gedanken über Ihre Schlafprobleme können zu einer sich selbst erfüllenden Prophezeiung werden und das Problem nur verschlimmern. Versuchen Sie, negative Gedanken in positive Gedanken umzuwandeln. Es ist wichtig, dass Sie die angstbesetzten Gedanken über Schlaf, die sich in Ihrem Kopf aufgebaut haben, nicht beachten.

Schreiben Sie einige negative Gedanken auf, die Ihnen kommen, wenn Sie nicht einschlafen können. Zum Beispiel:

»Morgen habe ich einen sehr anstrengenden Tag. Ohne Schlaf werde ich ihn nicht bewältigen. Dann muss ich Unmengen Kaffee trinken, um wach zu bleiben. Aber dann werde ich so aufgekratzt, dass ich morgen Nacht wieder nicht schlafen kann.«

»Oh nein, es ist schon 1 Uhr morgens und ich kann immer noch nicht einschlafen. ... Jetzt ist es 3 Uhr, und in genau drei Stunden muss ich aufstehen, dabei habe ich immer noch kein Auge zugetan. Morgen werde ich ein Wrack sein.«

»Hoffentlich kann ich noch mal einschlafen. Wie spät es wohl ist? Was? Erst 2 Uhr morgens? Das bedeutet, dass ich gerade einmal drei Stunden geschlafen habe. Jetzt werde ich nicht mehr einschlafen können!«

Ersetzen Sie diese negativen Gedanken nun durch neue, positive Gedanken, die Ihr Nervensystem zur Ruhe bringen. Zum Beispiel:

»Solange ich meinen Kernschlaf von ungefähr fünfeinhalb Stunden bekomme, habe ich keine Probleme. Ich kann immer eine kurze Siesta einlegen, wenn ich müde bin. Das hilft mir, wieder wach zu werden. Ich werde nicht krampfhaft versuchen, wieder einzuschlafen, sondern einfach meditieren und mich entspannen und dabei tief und langsam atmen. Meditation ist so ähnlich wie ein leichter Schlaf, also wird es mir morgen gut gehen.«

»Ich habe immer noch viel Zeit, um einzuschlafen. Ich habe schon einmal problemlos eine Nacht mit viel weniger Schlaf überstanden. Ich brauche keine acht Stunden, um voll funktionsfähig zu sein.«

»Da ich inzwischen um 22 Uhr ins Bett gehe, habe ich viel Zeit, um mich zu entspannen, und es bleibt mir noch viel Zeit, um meinen Kernschlaf zu bekommen. Mein Ziel ist nicht, sofort einzuschlafen, sondern vor dem Schlafengehen einige Zeit damit zu verbringen, mithilfe von Meditation die Entspannung zu genießen. Wenn ich dann später müde werde, werde ich auch einschlafen.«

»Jetzt bin ich wach, aber ich mache mir keine Gedanken darüber, wann ich wieder einschlafe. Wahrscheinlich ist schon fast früher Mor-

gen und ich habe meinen Kernschlaf von fünfeinhalb Stunden bekommen, also ist es egal, ob ich noch einmal einschlafe oder nicht. Ich genieße es einfach, mich eine Weile zu entspannen.«

Denken Sie daran, dass Ihr Kopf einen negativen Aufhänger braucht, um das Schlafproblem zu verankern, wobei eines der besten Mittel zur Erzeugung von Schlaflosigkeit darin besteht, sich an diese angstbesetzten, unwahren Gedanken über Schlaf zu klammern. Wenn Sie diese Woche Ihre Gedanken über Schlaf positiv umformulieren, werden Sie Ihr Schlafproblem mit der Macht Ihrer Gedanken heilen können.

Reisen

Reisen können bei hochsensiblen Menschen Schlafstörungen verursachen, also sollten Sie unterwegs immer alle nötigen Schlafhilfen dabeihaben. Achten Sie darauf, dass der Raum, in dem Sie schlafen, ruhig, dunkel, sicher und angenehm temperiert ist.

Erstellen Sie eine Liste mit Schlafhilfen, die Sie auf Ihre nächste Reise mitnehmen. Bewahren Sie die Liste am besten im Koffer auf. Hier einige Beispiele:

- ein White-Noise-Gerät
- Ohrstöpsel
- ein Kräuterpräparat
- ein Buch zur Entspannung
- eine Taschen- oder kleine Leselampe
- ein Nachtlicht
- konventionelle Schlaftabletten, die Sie allerdings nur bei Bedarf einnehmen sollten
- ein beruhigendes medizinisches Öl
- ein kleines Kräuterkissen, zum Beispiel ein Lavendelkissen

- Kamillentee und eine Thermoskanne oder einen Thermobecher
- eine Schlafmaske
- einen MP3-Player mit Kopfhörer und beruhigender Musik oder Meditationstexten
- Wäscheklammern, mit denen Sie nötigenfalls die Gardinen zusammenklammern können, damit kein Licht in den Raum fällt

Nun, da Sie wissen, was Sie einpacken müssen, um unterwegs gut zu schlafen, können Sie getrost die Reise unternehmen, über die Sie sich so viele Sorgen gemacht haben. Bon voyage!

DIE FÜNF SINNE

15.
WOCHE

Beruhigende Bilder und Klänge

In den letzten Wochen haben Sie eine tägliche Routine entwickelt, um mit der Reizüberflutung in Ihrer Umgebung fertigzuwerden. In den folgenden Wochen werden Sie Techniken zur Beruhigung Ihrer Sinne erlernen. Mithilfe bestimmter beruhigender Methoden für jeden Ihrer fünf Sinne – Hören, Riechen, Sehen, Tasten, Schmecken – wird es Ihnen gelingen, die Wirkung der Reizüberflutung auf Ihr Nervensystem zu dämpfen.

Hören

In unserer lärmgesättigten Gesellschaft erzeugt der Hörsinn für einen hochsensiblen Menschen wahrscheinlich den größten Stress. Ein HSM kann sich angesichts der allgegenwärtigen Mobiltelefone (und der unüberhörbaren Gespräche anderer Leute), aggressiver Musik aus Autolautsprechern oder Nachbarhäusern, Hundegebells, Laubsauger und Rasenmäher buchstäblich in einer Lärmfalle gefangen fühlen. Der kumulative Effekt derart anstrengender Geräusche kann einem HSM stark zusetzen.

Erstellen Sie eine Liste der Geräusche, die Sie in Ihrer täglichen Umgebung stören. Zum Beispiel:

- Familienmitglieder, die den Fernseher zu laut stellen
- das unfreiwillige Mithören fremder Telefongespräche
- geräuschvolle Lokale
- laute Motorengeräusche von Motorrädern, Autos und Lastwagen, die an Ihrem Haus oder Büro vorbeifahren
- Hundegebell
- die Garten- und Heimwerkergeräte Ihres Nachbarn

Schreiben Sie die konkreten Techniken auf, mit denen Sie diese Woche den Lärm in jedem Bereich, der Sie in Stress versetzt, reduzieren. Hier einige Beispiele:

- Stellen Sie sanfte Hintergrundmusik an.
- Hören Sie beruhigende CDs.
- Verwenden Sie ein White-Noise-Gerät, einen Ventilator oder Luftfilter zur Kaschierung der störenden Geräusche.
- Tragen Sie Ohrstöpsel oder Kopfhörer mit Geräuschunterdrückung oder anderen Gehörschutz.
- Vereinbaren Sie einen Termin mit einem Audiologen, um sich maßgefertigte Ohrstöpsel anfertigen zu lassen.

– Bitten Sie Ihre Familienmitglieder, beim Fernsehen Kopfhörer
zu benutzen oder die Lautstärke zu reduzieren.
– Überlegen Sie sich, in Ihrem Haus oder Büro eine Lärmisolie-
rung einbauen zu lassen.
– Überlegen Sie sich, ob Sie vielleicht besser umziehen, falls sich
der Lärm in Ihrer häuslichen Umgebung nicht reduzieren lässt.

Sehen

Wenn Sie ständig einer visuellen Überreizung ausgesetzt sind,
überfordern Sie Ihr Nervensystem, und das führt zu Anspannung
und Angstzuständen. Wenn Sie mit geschlossenen Augen meditieren oder visualisieren, können Sie sich tiefer in den göttlichen
Frieden versenken, der in unserem Inneren schlummert.

Denken Sie einige Minuten darüber nach, was Sie im Verlauf des
Tages am meisten ansehen. Erzeugt dieser Anblick bei Ihnen innere Anspannung? Hier einige Beispiele:

– Computerbildschirm
– Fernsehbildschirm
– grelles Licht
– urbanes Stadtbild aus Hochhäusern, Mauern und Straßen
– leuchtende Farben

Erstellen Sie nun eine Liste über die Veränderungen, die Sie diese
Woche vornehmen können, um Ihre Augen zu entlasten. Hier einige Beispiele:

– Verbringen Sie weniger Zeit im Internet oder vor dem Fernse-
her.
– Kaufen Sie sich großflächige Bilder mit Naturmotiven für zu
Hause und Ihr Büro.

– Kaufen Sie Kleidung in ruhigen Farben, zum Beispiel in Weiß, Blau und Grün.
– Verzichten Sie auf Kleidung in anregenden Farben wie hellem Orange, Gelb oder Grün.
– Tragen Sie eine Sonnenbrille, wenn Sie das Haus verlassen.
– Nehmen Sie sich häufige Meditationspausen, wenn Sie am Computer arbeiten.

Lassen Sie diese Woche nicht zu, dass eine visuelle Überreizung Sie nervös macht. Planen Sie im Voraus, indem Sie neue Methoden in Ihren Tagesablauf integrieren, um die negativen Effekte der visuellen Reizüberflutung auf Ihr Nervensystem zu reduzieren.

DIE FÜNF SINNE

16.
WOCHE

Riechen und Tasten

Beseitigen Sie unangenehme Gerüche

Viele HSM sind äußerst geruchsempfindlich. Einige reagieren auf bestimmte Gerüche sogar allergisch. Andere berichten, ihnen würde schlecht von Parfümgeruch. Sorgen Sie dafür, dass Ihre häusliche Umgebung und Ihr Arbeitsplatz frei von störenden Ausdünstungen ist.

Zwar ist diese Überempfindlichkeit für die Betroffenen anstrengend, aber sie kann auch von Vorteil sein, vor allem für die Beruhigung des Nervensystems. Die Aromatherapie ist ein Zweig der Kräutermedizin, bei dem ätherische Öle von Pflanzen und

Kräutern verwendet werden, um ein Gefühl des Wohlbefindens zu erzeugen. Wenn Sie die Aromen tolerieren, kann das Einatmen bestimmter Öle, zum Beispiel Lavendel, Jasmin und Rose, die Hirnwellen verändern und ein Gefühl der Ruhe und Entspannung erzeugen.

Welche Gerüche in Ihrer Umgebung verursachen Ihnen Missbehagen? Zum Beispiel:

– der Geruch von Hunden und Katzen
– Benzingeruch an der Tankstelle
– verbrauchte Luft zu Hause und im Büro
– neben einer parfümierten Person zu sitzen oder zu stehen
– der Geruch von Textmarkern und Räucherstäbchen

Wie können Sie verhindern, dass Sie ständig unangenehmen Gerüchen ausgesetzt sind? Hier einige Beispiele:

– Verwenden Sie einen Luftfilter, oder öffnen Sie die Fenster, um für einen Luftaustausch zu sorgen.
– Überprüfen Sie, ob Ihre Heizung oder Ihre Klimaanlage ordnungsgemäß funktioniert.
– Kaufen Sie sich eine Aromatherapie-Grundausstattung.
– Verwenden Sie natürliche, unparfümierte Reinigungs- und Waschmittel.
– Tragen Sie einen Atemschutz, wenn Sie eine verpestete Umgebung aufsuchen.
– Suchen Sie sich sofort einen anderen Platz, wenn Sie neben jemandem sitzen oder stehen, der parfümiert ist

Für HSM ist es wichtig vorauszuplanen, um möglichst den Kontakt mit unangenehmen Gerüchen zu vermeiden. Nehmen Sie sich diese Woche die Zeit, um eine gesunde, geruchsfreie häusliche Umgebung und ein ebensolches Arbeitsumfeld zu schaffen.

Tasten

Eine ausgezeichnete Methode zur Beruhigung Ihres Nervensystems ist eine sanfte Massage. Einige hochsensible Menschen empfinden Massagen allerdings als zu invasiv. Wichtig ist, dass Sie Ihrem Masseur oder Ihrer Masseurin ständig Rückmeldung darüber geben, ob Sie den ausgeübten Druck als angenehm empfinden. Hochsensible Menschen absorbieren leicht die Energie des Therapeuten und profitieren vielleicht stärker von einer Massage, die ihnen ein Freund, eine Freundin oder der eigene Partner gibt. Dies gilt erst recht für HSM, die es nicht mögen, von Fremden berührt zu werden. Eine weitere ausgezeichnete Alternative ist die Selbstmassage.

Probieren Sie diese Woche folgende Übung mehrmals täglich aus. Achten Sie einige Minuten mit geschlossenen Augen bewusst darauf, in welchen Körperteilen Sie Anspannung empfinden, und entspannen Sie diese Bereiche, indem Sie Ihre Muskeln ganz bewusst lockern oder sanft massieren.

– Fühlen sich Ihre Schultern angespannt an?
– Sind Ihre Beine oder Ihr Bauch angespannt?
– Sind Ihre Kiefermuskeln verspannt?
– Sind Ihre Hände gespannt oder locker entspannt?
– Gibt es andere Bereiche Ihres Körpers, die angespannt sind?
– Ist Ihre Atmung flach?

Sie können auch die folgende Übung mehrmals am Tag wiederholen. Konzentrieren Sie Ihre Aufmerksamkeit während der nächsten Augenblicke auf Ihre rechte Hand, und spüren Sie die Energie in der Hand. Als Nächstes konzentrieren Sie Ihre Aufmerksamkeit eine Weile auf Ihre linke Hand und spüren die Lebendigkeit dieser Hand. Anschließend spüren Sie die Energie beider Hände gleichzeitig. Als Nächstes visualisieren Sie andere Körperteile, in denen Sie Anspannung empfinden, und spüren die Energie, indem Sie diesen Körperbereich bewusst beruhigen.

Welche Techniken können Sie diese Woche anwenden, um Ihren verspannten Körper zu lockern und zu entspannen? Nachfolgend einige Beispiele:

- Vereinbaren Sie einen Massagetermin.
- Bitten Sie Ihren Partner um gegenseitige Massagen.
- Umarmen Sie diese Woche öfter Menschen Ihres Umfelds – und genießen Sie es.
- Massieren Sie Ihren Körper sanft mit warmem Sesamöl.
- Massieren Sie sanft medizinisches Sesamöl in Ihre Stirn, wenn Sie zu Bett gehen.
- Kaufen Sie einen elektrischen Handmassagestab oder ein Massagestuhlkissen.
- Entspannen Sie mehrmals am Tag ganz bewusst Ihre Muskeln.
- Konzentrieren Sie sich auf die Energie in Ihren Händen und anschließend auf andere Körperbereiche, in denen Sie Verspannung empfinden.

So, wie die Nervenrezeptoren in Ihrer Nase die Hirnwellenmuster verändern können, wenn sie von einem angenehmen Geruch stimuliert werden, können die vielen Tausend Nervenzellen Ihrer Haut durch Berührung Ruhe und Entspannung fördern.

DIE FÜNF SINNE

17.
WOCHE

Essen und Trinken

Einige HSM reagieren sensibel auf heiße oder kalte Nahrung oder Getränke. Im Allgemeinen ist es besser, warme Mahlzeiten und Getränke zu sich zu nehmen, aber keine heißen. Warme Speisen können sich beruhigend auf Ihr Nervensystem auswirken. Eine kalte Rohkosternährung kann (vor allem im Winter) Nervosität und Anspannung fördern. Möglicherweise haben Sie Schwierigkeiten mit eisgekühlten Nahrungsmitteln. Eis oder gefrorene Desserts können bei sensiblen Menschen Kopfschmerzen auslösen, daher ist es am besten, Gefrorenes langsam im Mund schmelzen zu lassen.

Es ist wichtig, dass Sie viel reines Wasser trinken, um die Giftstoffe aus Ihrem Körper zu schwemmen. Eine Tasse Kräutertee, zum Beispiel Kamille, kann sich sehr beruhigend auswirken. Wenn Sie den Konsum koffeinhaltiger Nahrungsmittel auf ein Minimum beschränken, können Sie Ihre innere Anspannung und Nervosität ebenfalls lindern. Einige Menschen empfinden Alkohol als spannungslösend, andere dagegen lehnen selbst ein einziges Glas Wein ab.

Erstellen Sie eine Liste der Nahrungsmittel, die Sie zu sich nehmen und die möglicherweise schädliche Auswirkungen auf Ihr Nervensystem haben. Versuchen Sie, diese Woche deren Konsum zu reduzieren, oder verzichten Sie ganz darauf. Hier einige Beispiele für Nahrungsmittel, die Ihr Nervensystem reizen können:

- eiskalte Speisen und Getränke (vor allem im Winter)
- sehr heiße Speisen und Getränke
- sehr würzige oder scharfe Speisen
- Zucker
- Konservierungsstoffe
- Glutamat (Geschmacksverstärker)

Welche neuen Nahrungsmittel wollen Sie diese Woche ausprobieren, die dazu beitragen, Ihr Nervensystem zu beruhigen? Hier einige Beispiele:

- heiße Getreideflocken
- herzhafte Suppen
- Aufläufe
- warme Milch
- Kamillentee
- koffeinfreie Erfrischungsgetränke

Wenn Sie diese Woche beginnen, bestimmte Nahrungsmittel von Ihrem Speiseplan zu streichen, dann achten Sie genau darauf, welche Effekte das auf Ihr Nervensystem hat. Tragen beruhigende, warme Speisen und Getränke zu einem Gefühl des Wohlbefindens und der Ruhe bei?

DIE FÜNF SINNE

18. WOCHE

Nehmen Sie sich regelmäßig eine kurze Auszeit

Wie ich in *The Highly Sensitive Person's Survival Guide* geschrieben habe, ist es für hochsensible Menschen, die auf jeden Reiz reagieren und sich leicht überfordert fühlen, wichtig, sich mindestens zweimal die Woche kurz zurückzuziehen. Sie können sich unter der Woche an einem Tag einige Stunden für Ihren Rückzug reservieren und einige Stunden am Wochenende.

Teilen Sie Ihrer Familie oder Ihren Mitbewohnern mit, dass Sie eine Auszeit brauchen, in der Sie nicht gestört werden möchten. Wenn das zu Hause nicht möglich ist, versuchen Sie, einen anderen Platz zu finden, an dem Sie sich und Ihre Seele pflegen können. Haben Sie eine Freundin, einen Freund oder Verwandten oder einen Kollegen, der bereit wäre, Ihnen sein zu Hause für einige Stunden in der Woche zur Verfügung zu stellen?

Als Erstes schalten Sie Ihr Telefon und andere elektronische Geräte aus und stellen sicher, dass Sie nicht von irgendwelchen äußeren Reizen gestört werden, vor allem Mitgliedern des Haushalts. Wenn es schwierig ist, Stille herzustellen, dann schaffen Sie eine lärmfreie Atmosphäre, indem Sie ruhige Musik einschalten, ein White-Noise-Gerät anstellen oder Ohrstöpsel tragen. Nun ist der Zeitpunkt, um sich im Bett oder auf dem Sofa zu entspannen und das erbauliche Buch zu lesen, zu dessen Lektüre Sie sonst nie zu kommen scheinen, oder einfach nur einen erfrischenden Mittagsschlaf zu halten.

Wenn Ihnen die Aromatherapie zusagt, dann gießen Sie beruhigende ätherische Öle in ein Öllämpchen oder zünden Sie eine Aromakerze an. Machen Sie sich eine Tasse Kamillentee. Bereiten Sie sich eine besonders gesunde Zwischenmahlzeit (vorzugsweise ohne Zucker) zu, und konzentrieren Sie sich einige Zeit ganz auf den Geschmack jedes einzelnen Happens oder Schlucks, den Sie zu sich nehmen. Versuchen Sie, Ihre Augen zu schließen und sich auf den köstlichen Geschmack in Ihrem Mund zu konzentrieren.

Als Nächstes könnten Sie einige spirituell erhebende Übungen wie Hatha Yoga oder Tai-Chi machen. Vielleicht wollen Sie sich eine Yoga- oder Tai-Chi-DVD kaufen. Eine weitere Möglichkeit besteht darin, einige sanfte Dehnungsübungen zu machen oder einen Spaziergang in der freien Natur zu unternehmen. Nach einigen sanften Übungen wollen Sie vielleicht meditieren oder visualisieren, zum Beispiel, indem Sie progressive Entspannung praktizieren. Machen Sie sich keinen strengen Zeitplan, den Sie einzuhalten versuchen, sondern widmen Sie sich intuitiv den zuvor beschriebenen Entspannungstechniken, die Ihr Nervensystem zur Ruhe kommen lassen. Möglicherweise wollen Sie sich auch die gesamte Auszeit lang nur einer einzigen Aktivität widmen.

Ich empfehle Ihnen außerdem, mindestens zweimal im Jahr ein Ganztages- oder Wochenendseminar zur inneren Einkehr zu machen. Nach einigen Tagen in einer Waldhütte oder einem anderen Platz, an dem Sie echte Ruhe und Stille erleben, werden Sie sich verjüngt fühlen.

Beginnen Sie damit, in diesem Monat Tage für Ihre Mini-Auszeiten in den Kalender einzutragen. Bevor Sie sich Ihre Auszeiten nehmen, erstellen Sie eine Liste mit Dingen, die Sie brauchen werden, um diese Stunden zu einer Erfahrung der vollkommenen Entspannung zu machen.

Sie verdienen es, regelmäßige kleine Auszeiten zu genießen, also nehmen Sie sich in dieser Woche (und in der Zukunft) viele Stunden, um Ihren sensiblen Körper, Ihren empfindsamen Geist und Ihre Seele zu pflegen.

STRESSKILLER

Entspanntes Autofahren

Die meisten HSM geraten in Stress, wenn sie in der Arbeit oder zu Hause unter Zeitdruck stehen. In Kombination mit ihrem ausgeprägten Verantwortungsgefühl kann die Anforderung, unter Zeitdruck funktionieren zu müssen, einer der schwierigsten Aspekte einer hochsensiblen Persönlichkeit sein. In den nächsten fünf Wochen werden Sie spezielle Techniken zum Umgang mit dem täglichen Druck in unserer hektischen modernen Gesellschaft erlernen.

Versuchen Sie, die Hauptverkehrszeiten zu meiden. Wenn das nicht geht, weichen Sie auf öffentliche Transportmittel aus oder versuchen Sie, früher zur Arbeit zu fahren und die Zeit bis zum Arbeitsbeginn mit Meditation oder einem Spaziergang zu verbringen.

Da HSM sehr sorgfältige und bewusste Menschen sind, können Verspätungen Stress erzeugen. Daher ist es wichtig, dass Sie sich frühzeitig auf den Weg machen, für den Fall, dass Sie in einen Verkehrsstau geraten. Wenn Sie sich Sorgen machen, zu spät zu einem Termin zu kommen, wird Ihre innere Anspannung steigen. Vor Kurzem habe ich es vorgezogen, einen Termin abzusagen, anstatt Stoßstange an Stoßstange in einem Stau zu stehen und mich zu grämen, dass ich wahrscheinlich zu spät kommen werde. An diesem Tag war mein Mobiltelefon wirklich nützlich.

Es kann entspannender sein, in gemächlichem Tempo auf der ganz rechten Spur zu fahren und alle eiligen Autofahrer an Ihnen vorbeiziehen zu lassen. Vielleicht wollen Sie eine entspannende CD oder einen Radiosender mit klassischer Musik hören. Wenn Sie auf der rechten Spur gemächlich dahinfahren und angenehmer Musik lauschen, wird Ihnen das helfen, sich aus der reizüberfluteten Welt auszuklinken. Vermeiden Sie allerdings allzu entspannende Programme, da diese Sie während der Autofahrt gefährlich schläfrig machen können. Erstellen Sie eine Liste mit den Dingen, die Sie in nervöse Anspannung versetzen. Zum Beispiel:

- Das Fahren bei viel Verkehr macht mich nervös.
- Ich rege mich leicht auf, wenn mir jemand die Vorfahrt nimmt.
- Ich werde aufgeregt, wenn ich zu spät zur Arbeit komme.
- Rote Lichter machen mich verrückt, wenn ich in Eile bin.
- Ich kann es nicht ausstehen, wenn mich jemand anhupt.

Machen Sie nun eine Liste mit den Strategien zum Umgang mit solchen Situationen, die Sie in dieser Woche beim Autofahren anwenden. Hier einige Beispiele:

- Ich werde öffentliche Transportmittel benutzen.
- Ich werde vorausplanen, damit ich nicht zur Hauptverkehrszeit im Verkehrsstau stecken bleibe.

- Ich werde diese Woche ganz gemächlich auf der rechten Spur fahren.
- Ich werde mich auf rote Ampeln freuen, weil sie mir die Gelegenheit bieten, ein wenig langsame Bauchatmung zu betreiben.
- Ich werde während des Fahrens nicht telefonieren.

Wenn wir aus dem Gleichgewicht geraten, neigen wir dazu, Dinge zu tun, die uns noch mehr aus der Balance bringen. Zunächst mag es sich unbehaglich anfühlen, das Radio auszustellen oder langsam zu fahren. Je öfter Sie jedoch üben, sich beim Autofahren in einen entspannten, friedlichen Zustand zu bringen, desto ruhiger werden Sie sich fühlen, wenn Sie an Ihrem Ziel ankommen.

STRESSKILLER

20. WOCHE

Entspannte Spaziergänge und Gespräche

Spaziergänge

In unserer hektischen Gesellschaft haben es sich die meisten Menschen angewöhnt, im Eilschritt zu gehen. Eine der leichtesten und vollkommen kostenlosen Methoden zur Reduzierung der Sinnesreizung sind tägliche Spaziergänge in der Natur. Machen Sie diesen Spaziergang in Stille, das heißt, ohne sich dabei zu unterhalten. Während Sie durch die Schönheit der Natur streifen, wollen Sie vielleicht meditieren.

Probieren Sie diese Woche aus, im Gehen zu meditieren (sogenannte Walking-Meditation):

Versuchen Sie, sich während des Gehens so wenig wie möglich zu bewegen und jeden Schritt ganz bewusst zu machen. Achten Sie auf das Gefühl, wenn Ihre Fersen und Ihre Zehen den Boden berühren. Sie können bei jedem Schritt im Geiste das Mantra »Frieden« oder »Ruhe« wiederholen. Wenn Sie sich auf Ihr Mantra konzentrieren, wird Ihr Geist durch keinerlei störende Gedanken gefangen genommen.

Eine andere Meditation, die Sie im Gehen durchführen können, besteht darin, ganz bewusst auf alle Geräusche der Umgebung zu achten. Lauschen Sie dem melodiösen Vogelgezwitscher, dem Plätschern eines Wasserfalls oder dem Kratzgeräusch eines Eichhörnchens, das einen Baum hochklettert. Als Nächstes konzentrieren Sie sich auf die visuellen Eindrücke. Betrachten Sie ausgiebig die Blüten farbenprächtiger Blumen, den kristallklaren blauen Himmel oder das saftig-samtige Grün des Grases. Anschließend konzentrieren Sie sich auf alles, was Sie berühren. Ihre Schuhe nehmen Kontakt mit dem weichen Boden auf, und Ihre Arme streifen sanft Ihre Jacke oder Ihren Mantel, während sie beim Gehen hin- und herschwingen. Genießen Sie einige Augenblicke diese Empfindungen. Und schließlich achten Sie auf Ihre Gehbewegungen. Wiederholen Sie im Geiste »hören, hören«, »sehen, sehen«, »berühren, berühren« und »gehen, gehen«, während Sie Ihren jeweiligen Sinn aktivieren.

Eine gesunde Balance zwischen Schweigen und Sprechen

Sprechen ist für HSM oft eine reizintensive Angelegenheit, die schnell zur Anstrengung wird. Wenn Sie an einer Diskussion beteiligt sind, die wie ein Schnellfeuergewehr hin und her geht, kann das für Ihr empfindliches Nervensystem eine Überforderung sein. Während HSM Informationen gerne langsam verarbeiten, werden sie von der nicht so empfindsamen Mehrheit oft zu einer schnellen Reaktion gedrängt.

Eine der effektivsten Methoden zur Reduzierung der Sinnesreizung und der Erzeugung von innerem Frieden ist das Schweigen. Wenn Sie sich in der Gegenwart anderer Menschen befinden, müssen Sie nicht ständig Ihre Meinung äußern oder sich rechtfertigen. Sie können sich einfach entspannen und andere beim Sprechen beobachten. Machen Sie daraus eine meditative Erfahrung. Hüten Sie sich vor gedanklichen Schnellschüssen, und widerstehen Sie dem Drang, Ihre Meinung zu äußern, um Ihr Ego zu behaupten.

Wenn Sie schüchtern sind, benutzen Sie Ihr Schweigen aber nicht als Ausrede, um den Kontakt und Austausch mit anderen Menschen zu vermeiden. Die Herausforderung besteht darin, eine gesunde Balance zwischen unserer verbalen Interaktion und unseren Schweigezeiten zu finden.

Für hochsensible Menschen kann es ziemlich stressig sein, in Gesprächen schnell reagieren zu müssen. Eine Methode, die ich in intensiven Gesprächen sehr hilfreich finde, ist die »Fünf-Sekunden-Pause-Technik«, bei der sich beide Gesprächspartner jeweils fünf Sekunden Zeit lassen, bevor sie ihrem Gegenüber antworten.

Probieren Sie heute das folgende Experiment aus: Achten Sie darauf, wie Sie sich fühlen, nachdem Sie schnell gesprochen haben. Sind Ihre Muskeln angespannt? Ist Ihre Atmung flach? Fühlen Sie sich nervös? Sprechen Sie anschließend bewusst ganz langsam, und achten Sie darauf, wie Ihr Körper und Ihre Emotionen auf diese Veränderung reagieren.

Erstellen Sie eine Liste mit Veränderungen, die Sie diese Woche in Ihren Gesprächen vornehmen wollen. Hier einige Beispiele:

– Ich werde meine Familie und Freunde bitten, mich daran zu erinnern, mein Redetempo zu drosseln, wenn ich anfange, schnell zu sprechen.

- Ich werde jeden Tag in der Gegenwart anderer Menschen einige Zeit schweigen.
- Ich werde mit meinem Partner, einem Freund oder einer Freundin die »Fünf-Sekunden-Pause-Technik« üben.

Es kann sich zunächst ungewohnt anfühlen, weniger zu sprechen,
aber wenn Sie beginnen, den Frieden und die Stille des Schweigens
zu genießen, werden Sie Ihre Worte sorgfältiger wählen und nicht
das Erste ausspucken, das Ihnen in den Sinn kommt.

STRESSKILLER

21.
WOCHE

Bewusste Mahlzeiten und entspanntes Schreiben

Bewusste Mahlzeiten

In der 17. Woche haben wir darüber gesprochen, wie sich die Temperatur und die Art von Nahrungsmitteln, die Sie zu sich nehmen, negativ auf Ihr Nervensystem auswirken können. Nun geht es um die Bedeutung einer bewussten und langsamen Nahrungsaufnahme. Selbst wenn Sie noch so gesundes Bio-Gemüse, -Obst und Vollwertgetreide essen, werden Sie Verdauungsprobleme bekommen, wenn Sie Ihre Mahlzeiten hinunterschlingen.

Je bewusster Sie essen, desto leichter kann die Nahrung verdaut werden und desto ruhiger werden Sie sich fühlen. Wenn Sie Ihre Mahlzeiten bewusst zu sich nehmen, werden Sie sich auf ganz natürliche Weise friedlicher und entspannter fühlen. Versuchen Sie, in dieser Woche die vielfältigen Geschmacksnuancen Ihrer Mahlzeiten wirklich auszukosten. Probieren Sie, beim Essen zu schweigen oder allenfalls leichte, angenehme Unterhaltungen zu führen.

Bewusst zu essen, ist gar nicht so einfach, vor allem für Erwachsene, die von Kindesbeinen an gewöhnt sind, während der Mahlzeiten fernzusehen oder intensive Gespräche zu führen. Versuchen Sie, sich auf Ihre Mahlzeit zu konzentrieren, ohne nebenbei etwas zu tun (lesen, fernsehen, im Internet surfen, sprechen etc.). Versuchen Sie, diese Woche mehrere Male bewusst zu essen. Markieren Sie diese Mahlzeiten in Ihrem Kalender, und kosten Sie diese Erfahrung richtig aus. Bon appétit!

Entspanntes Schreiben

Einige hochsensible Menschen fühlen sich gedrängt, schnell zu schreiben, was dazu führt, dass ihr Stresspegel und ihre innere Anspannung steigen. Vielleicht haben Sie einen Vorgesetzten, der von Ihnen verlangt, dass Sie schriftliche Aufgaben schnellstmöglich erledigen, oder Sie haben es sich seit Ihrer Kindheit angewöhnt, schnell zu schreiben. Seit dem Siegeszug des Computers schreibt kaum noch jemand mit der Hand. Es ist dennoch nützlich, auf Ihr Schreibtempo zu achten, um eine Überreizung zu vermeiden.

Wenn Sie zum Schnellschreiben neigen, können Sie lernen, Ihr Schreibtempo zu kontrollieren, indem Sie diese Woche die folgende Übung machen. Nachdem Sie einige Minuten sehr schnell geschrieben haben, schließen Sie die Augen und achten auf Ihre Befindlichkeit. Halten Sie den Stift fest umklammert oder sind

Ihre Hände angespannt? Ist Ihre Atmung flach oder fühlen sich Ihre Schultern verspannt an?

Schreiben Sie nun ganz bewusst sehr langsam, und achten Sie darauf, wie viel entspannter sich Ihr Körper und Ihr Geist anfühlen.

Wenn Sie eine so unleserliche Handschrift haben, dass Sie den zuletzt geschriebenen Satz nicht entziffern können, dann zwingen Sie sich, ihn noch einmal ganz langsam aufzuschreiben, und genießen Sie Ihre klare Handschrift und das neue Gefühl der inneren Ruhe.

STRESSKILLER

22.
WOCHE

Vom richtigen Umgang
mit dem Telefon

Mobiltelefone

Der allgegenwärtige Gebrauch von Mobiltelefonen (vor allem solchen mit Freisprecheinrichtung) an öffentlichen Plätzen hat die allgemeine Reizüberflutung erheblich gesteigert. Die meisten HSM empfinden es als extreme Belästigung und Irritation, fremde Unterhaltungen mitanhören zu müssen, während sie in einem Geschäft einkaufen, in der Warteschlange einer Bank stehen oder auf der Straße gehen. Um mit dieser Bombardierung der Sinne fertigzuwerden, können Sie sich einen Kopfhörer aufsetzen und

Musik hören. Wenn Sie im Restaurant neben jemandem sitzen, der laut telefoniert, setzen Sie sich woanders hin. Wenn jemand im Kino oder in einer Bibliothek telefoniert, bitten Sie die Person, ihr Telefon auszustellen. Ich empfehle Ihnen außerdem, Ihr eigenes Telefon abzuschalten, wenn Sie Auto fahren. Es gibt inzwischen immer mehr Lokale und andere Plätze, die den Gebrauch von Mobiltelefonen in ihren Räumen verbieten. Hoffentlich setzt sich das durch.

Der Vorteil eines Mobiltelefons ist, dass HSM sofortige Unterstützung von Dritten erhalten und sich in Notfallsituationen sicherer fühlen können. Schreiben Sie auf, wie Sie in dieser Woche richtig mit Telefongesprächen umgehen wollen. Hier einige Beispiele:

- Planen Sie, immer einen Kopfhörer mitzunehmen, wenn Sie das Haus verlassen.
- Setzen Sie den Kopfhörer auf oder tragen Sie Ohrstöpsel, wenn Menschen in Ihrer Nähe laut telefonieren oder sich laut unterhalten.
- Entfernen Sie sich möglichst von Menschen, die mit ihrem Mobiltelefon telefonieren.
- Telefonieren Sie nicht, während Sie Auto fahren.
- Bitten Sie Personen, die im Kino und in der Bibliothek telefonieren, höflich darum, ihr Telefon auszuschalten. Nötigenfalls können Sie sich auch an einen Mitarbeiter wenden und ihn bitten einzuschreiten.

Mit der richtigen Vorausplanung werden Sie kein Opfer der Mobiltelefonkakophonie mehr sein.

Oh nein, nicht schon wieder ein Anruf

Anstatt das Klingeln Ihres Telefons als einen weiteren negativen Reiz zu betrachten, verwandeln Sie das Geräusch in eine Erinnerung, sich zu entspannen. Machen Sie das Telefonklingeln zu einer Erinnerung, Tiefenentspannung zu betreiben – so, als nähmen Sie an einem Seminar zur inneren Einkehr teil und würden vom Klang einer Glocke zur Meditation gerufen.

Probieren Sie in dieser Woche bei jedem Telefonklingeln das folgende Experiment aus: Versuchen Sie, das Telefon erst beim dritten oder vierten Klingeln zu beantworten. Nutzen Sie diesen kurzen Moment, um alle Ihre Muskeln zu entspannen, während Sie einige langsame, tiefe Atemzüge machen und im Geiste ein Mantra wiederholen, zum Beispiel »Ruhe« oder »Frieden«. Wenn Sie sich überfordert fühlen, beantworten Sie den Anruf bewusst langsam und mit entspannter Stimme, anstatt ein kurz angebundenes, irritiertes »Hallo« ins Telefon zu rufen. Da hochsensible Menschen zu Schreckhaftigkeit neigen, sollten Sie überlegen, ob Sie die Lautstärke Ihres Klingeltons reduzieren wollen.

Einen Anruf erst beim dritten oder vierten Klingeln zu beantworten, ist eine Übung, die sich leicht in Ihren Alltag integrieren lässt. Nehmen Sie sich die Zeit, einen kleinen Merksatz aufzuschreiben und auf Ihr Telefon zu kleben: »Erst beim dritten oder vierten Klingeln antworten; tief und langsam atmen.« Sie werden heute viele kostbare Augenblicke erleben, in denen Sie sich vollkommen ruhig und friedlich fühlen werden, indem Sie bei jedem Telefonklingeln kurz Tiefenentspannung praktizieren.

STRESSKILLER

23.
WOCHE

Vom richtigen Umgang mit dem Computer

Das reizüberflutende Internet und ebensolche Computer sind zu einer Lebensgrundlage des 21. Jahrhunderts geworden. Viele Menschen müssen einen Großteil ihres Arbeitstages vor einem Computerbildschirm verbringen. Versuchen Sie, alle fünfzehn Minuten kurze Pausen einzulegen, Ihre Muskeln zu dehnen oder kurz aufzustehen und dabei zu meditieren. Wenn das nicht möglich ist, können Sie einfach Ihre Augen schließen und einige Momente lang ganz bewusst auf Ihre Atmung achten. Sie sollten regelmäßige Pausen einlegen, um Rückenschmerzen, Nackenschmerzen und Schmerzen im Handgelenk zu vermeiden. Neben möglichen körperlichen Leiden kann die exzessive Computernutzung auch eine Belastung für die Augen und die Nerven darstellen und ein Gefühl der Überforderung verursachen, wenn Sie mit Sinneseindrücken bombardiert werden.

Welche neuen Strategien können Sie in dieser Woche anwenden, um die Reizüberflutung zu dämpfen, die vom Computer ausgeht? Hier einige Beispiele:

- Nehmen Sie sich an einem Tag der Woche eine Auszeit vom Computer.
- Begrenzen Sie die Computernutzung auf das Wesentliche.
- Installieren Sie einen Spamfilter.
- Machen Sie jede Viertelstunde eine Pause, um sich zu dehnen und langsame, tiefe Bauchatmung zu praktizieren.
- Reduzieren Sie die Zahl der E-Mails, die Sie versenden.
- Tippen Sie langsamer.
- Stellen Sie sich im Nachbarzimmer einen Wecker oder eine Stoppuhr, sodass Sie sich von Zeit zu Zeit vom Computer erheben, um kurz innehalten und darüber nachdenken zu können, was Sie gerade gemacht haben.

Überproportional viel Zeit im Internet zu surfen ist einer der wichtigsten Faktoren für das Gefühl der Überforderung, das hochsensible Menschen leicht befällt. Für sie ist es besonders wichtig, dass sie die Computernutzung auf das Wesentliche beschränken, um ihre innere Ruhe zu bewahren.

ERNÄHRUNG

24.
WOCHE

Eine beruhigende Ernährung für HSM

In den nächsten drei Wochen werden Sie erfahren, wie sich die Ernährung auf hochsensible Menschen auswirkt, und Sie werden Techniken für eine gesunde Ernährung kennenlernen. Als hochsensibler Mensch müssen Sie genau auf Ihre Ernährung achten. Bestimmte Nahrungsmittel können innere Anspannung und Nervosität fördern. Andere Nahrungsmittel können Ihr Immunsystem schwächen.

Wie Sie sich gesund ernähren

Da Sie von allen Seiten mit Werbung für ungesundes Essen bombardiert werden, brauchen Sie die Unterstützung Ihrer Freunde und Familie, um sich neue, gesunde Ernährungsgewohnheiten anzueignen. Vielleicht wollen Sie Bücher über die Bedeutung einer gesunden Ernährung lesen und in Reformhäusern und Biomärkten einkaufen. Am besten vermeiden Sie verarbeitete Nahrungsmittel, die möglicherweise krebserregende Stoffe – zum Beispiel den Geschmacksverstärker Glutamat –, zu viel Salz und Zucker und mehrfach ungesättigte Fettsäuren enthalten. Außerdem ist es gut, einen Bogen um stark gewürzte Speisen, Fast-Food-Restaurants (die vornehmlich stark gesalzene, gezuckerte, fette und mit Chemikalien angereicherte Speisen verkaufen) und Pestizide zu machen, die vor allem in Obst und Gemüse aus industriellem Massenanbau enthalten sind.

Wenn Sie sich in einem inneren Ungleichgewicht befinden, lechzt Ihr Körper gelegentlich nach Nahrungsmitteln, die dieses Ungleichgewicht noch verstärken. Je mehr stark gesalzene oder gezuckerte Lebensmittel Sie zum Beispiel essen, desto größer wird Ihr Hunger darauf. Umgekehrt gilt: Je mehr beruhigende, naturbelassene Nahrungsmittel Sie zu sich nehmen, desto mehr werden Sie Appetit auf Bio-Obst, -Gemüse und Vollwertgetreide verspüren.

Wenn Sie mit einer neuen Ernährung beginnen, achten Sie auf eine schrittweise Veränderung Ihrer Ernährungsgewohnheiten. Sie können zum Beispiel den Verzehr von verarbeiteten Nahrungsmitteln schrittweise verringern und gleichzeitig mehr Bio-Obst und -Gemüse sowie Vollwertgetreide in Ihren Speiseplan aufnehmen.

Außerdem ist es wichtig, nicht zu große Portionen auf einmal zu essen. Wenn Sie nur so viel essen, dass in Ihrem Magen noch Platz ist, werden Sie die Mahlzeiten leichter verdauen. So können Sie Verdauungsprobleme und innere Anspannung vermeiden. Vielleicht wollen Sie auch einige Tage fasten, sofern die Außentemperaturen nicht zu niedrig sind. (Beim Fasten sinkt Ihre Körpertemperatur, da Ihr Organismus keine Nahrung verarbeiten muss. Wenn Sie dagegen Nahrung zu sich nehmen, bewirkt die Verdauung einen Anstieg der Körpertemperatur.) Für hochsensible Menschen ist es im Allgemeinen jedoch nicht empfehlenswert, über längere Zeiträume zu fasten, da sie aufgrund ihrer hohen Sensibilität negative emotionale und körperliche Reaktionen entwickeln können, wenn sie mehrere Tage nichts essen.

Da jeder Körper anders reagiert, experimentieren Sie am besten etwas, um herauszufinden, welche Ernährung Ihnen dabei hilft, gesund zu bleiben. Welche Techniken für eine gesunde Ernährung können Sie in dieser Woche ausprobieren? Hier einige Beispiele:

- Ich werde diese Woche mit meiner Familie über unsere Ernährung sprechen und erklären, warum es wichtig ist, dass wir unsere Ernährung verändern.
- Ich werde heute Abend nach dem Abendessen nicht mehr naschen.
- Diese Woche werde ich nur Bio-Obst und -Gemüse kaufen.
- Ich werde darauf verzichten, mit den Kindern in ein Fast-Food-Restaurant zu gehen.
- Ich werde beim Einkaufen aufmerksam die Nahrungsmitteletiketten studieren.
- Ich werde meinen Verzehr verarbeiteter Nahrungsmittel einschränken.
- Ich werde diese Woche einige Bücher lesen und Websites besuchen, auf denen ich gesunde, natürliche Rezepte finde.
- Wenn Sie sorgfältig auf Ihre Ernährung achten, wird Ihr Körper optimal funktionieren.

ERNÄHRUNG

Ein Ernährungsbeispiel für HSM

Beruhigende Speisen

Laut dem indischen Heilsystem Ayurveda kann der Verzehr warmer, schwerer und flüssigkeitshaltiger Speisen dazu beitragen, Menschen des Vata-Typs, die zu einem empfindlichen Nervensystem neigen, zu innerer Ruhe zu verhelfen. Warme Suppen, Aufläufe und heiße Zerealien sind nahrhaft und wirken beruhigend, vor allem im Winter. Ich empfehle Ihnen, im Winter mehr gekochtes Gemüse und im Sommer mehr Salate zu essen.

Zwischen den Mahlzeiten wollen Sie vielleicht eine gesunde Zwischenmahlzeit einnehmen, zum Beispiel ein Stück Obst oder Gemüse, einen entrahmten Joghurt, Nüsse oder andere Samen und Kerne. Probieren Sie einen köstlichen Snack, der Ihr Bedürfnis nach Zucker befriedigt, indem Sie einen Apfel oder eine Banane (oder anderes Obst) aufschneiden und einen Esslöffel zuckerfreien Beerensirup, etwas Marmelade oder Kokosflocken darübergeben. Verbannen Sie verarbeitete, gezuckerte Nahrungsmittel aus dem Haus, damit Sie gar nicht erst in Versuchung geraten, und halten Sie ausschließlich einen Vorrat an gesunden, naturbelassenen Lebensmitteln.

Erstellen Sie einen Wochenspeiseplan

Nachfolgend wollen wir einige Musterspeisepläne erstellen, die dazu beitragen können, Ihr Nervensystem zu beruhigen und einen gesunden Körper zu bewahren. Da jeder hochsensible Mensch einzigartig ist und anders reagiert, folgen Sie der Ernährung, die Ihnen am besten hilft und Sie bei optimaler Gesundheit hält.

In *The Highly Sensitive Person's Survival Guide* habe ich die folgenden Mustermahlzeiten empfohlen, die gesundheitsfördernd sind und auf HSM besonders beruhigend wirken:

Frühstück
– Haferflocken oder Haferschrot mit etwas entrahmtem Naturjoghurt, Milch oder Sojamilch und frischen Früchten. Sie können die Haferflocken mit Zimt verfeinern und als natürlichen Süßstoff Stevia verwenden, der eine positive Wirkung auf Ihren Blutzuckerspiegel haben kann.
– Brot aus gekeimtem Getreide mit einem Aufstrich aus salzfreier Butter, zuckerfreier Marmelade oder Sojakäse oder Käse mit einem geringen Fettgehalt

– Spiegel- oder Rühreier, für deren Zubereitung Sie eine geringe
  Menge Olivenöl verwenden

Mittagessen
– Eine große Portion leicht gedämpftes oder sautiertes Gemüse
  und/oder Salat mit Thunfisch, Lachs, Sardinen, magerem Pu-
  tenfleisch oder Hühnerfleisch und Brot aus gekeimtem Getreide. Sprenkeln Sie ein wenig Olivenöl oder salzarme Sojasauce
  oder etwas entrahmten Joghurt über Ihr Gemüse und garnie-
  ren Sie es mit Sesamsamen, Sonnenblumenkernen oder gehack-
  ten Nüssen.
– vegetarische Bohnensuppe, gegartes Gemüse oder Salat mit
  Olivenöl und Brot aus gekeimtem Getreide
– Sojaburger mit Salat und Tomaten auf Brot aus gekeimtem Getreide und dazu einen großen Salat mit Olivenöldressing

Abendessen
– eine große Portion leicht gedämpftes oder sautiertes Gemüse
  und/oder Salat mit Olivenöl, Vollwertgetreide (brauner Reis,
  Gerste etc.), geschmorter oder gebackener Fisch, mageres Pu-
  ten- oder Hühnerfleisch
– ein fettarmer Auflauf mit Gemüsegarnitur oder Salatbeilage mit
  Olivenöldressing
– eine herzhafte Suppe, ein Eintopf oder Ihre gesunde Lieblings-
  speise mit Gemüsegarnitur oder Salatbeilage mit Olivenöldressing

Planen Sie Ihren Wochenspeiseplan, und erstellen Sie eine Liste
mit allen Zutaten, die Sie für diese Woche einkaufen müssen. Vergessen Sie nicht, gesunde Zwischenmahlzeiten zu kaufen, zum
Beispiel Obst, Gemüse, Nüsse, Samen und Kerne und entrahmten Joghurt.

Achten Sie darauf, Lebensmittel auszuwählen, die Ihnen schmecken, um in dieser Woche Ihren Erfolg mit der neuen Ernährung zu genießen. Denken Sie daran, dass Ihnen Ihre neue Ernährung umso leichter fallen wird, je länger Sie sie befolgen.

ERNÄHRUNG

Wichtige Ernährungstipps

Wenn Sie Gemüse zubereiten, dämpfen Sie es nur zwei bis drei Minuten lang, damit es noch bissfest ist und die Vitamine und Enzyme nicht verkochen. Wenn Sie Ihr Gemüse in der Pfanne schmoren, verwenden Sie möglichst Teflonpfannen und ein Olivenöl-Kochspray. Kaufen Sie in Ihrem lokalen Biomarkt eine große Auswahl an Bio-Gemüse unterschiedlicher Farben. Schaffen Sie sich auch neue Kochbücher mit Rezepten für gesunde Gerichte an, und bewahren Sie sie griffbereit in der Küche auf.

Wenn Sie ein sättigendes Hauptgericht zu sich nehmen, versuchen Sie, nur die Hälfte Ihrer normalen Portion zu essen, und verzehren Sie schwere Speisen besonders langsam, wobei Sie jeden Bissen auskosten. Wenn Sie gerne Fisch essen, kaufen Sie am besten eine Sorte mit einem hohen Anteil an Omega-3-Fettsäuren (zum Beispiel Lachs und Sardinen). Vermeiden Sie dagegen Fischsorten, die besonders quecksilberhaltig sind (zum Beispiel Haifisch, Schwertfisch und Königsmakrele). Obst essen Sie am besten zwischen den Mahlzeiten oder zwei Stunden nach einer Hauptmahlzeit, da es in Kombination mit anderen Nahrungsmitteln nicht gut verdaut wird.

Nehmen Sie sich die Zeit, um über einige neue Ansätze nachzudenken, die Sie gerne ausprobieren würden und die Ihnen dabei helfen, beruhigende, nahrhafte Mahlzeiten zuzubereiten. Schreiben Sie diese Anregungen auf, und integrieren Sie sie in dieser Woche in Ihre Speisezubereitung. Hängen Sie die Liste an einem Platz in Ihrer Küche auf, an dem sie Ihnen sofort ins Auge springt. Es ist wichtig, dass Sie Ihre Liste mit den neuen Ernährungsansätzen regelmäßig überprüfen.

SPORT

27.
WOCHE

Hochsensible Menschen und Sport

In den nächsten drei Wochen werden Sie erfahren, wie unsere Kultur unsere Einstellung gegenüber Sport beeinflusst hat, welche körperlichen Aktivitäten zu Ihrem sensiblen Temperament passen und wie Sie ein regelmäßiges Übungsprogramm zusammenstellen.

Mannschaftssport versus Individualsportarten – Ihre Vorlieben und Erfahrungen

Als hochsensibler Mensch wollen Sie körperlichen Aktivitäten nachgehen, die Ihnen innere Ruhe verschaffen. Um Verletzungen zu vermeiden, sollten Sie unbedingt ein Bewegungstempo einhalten, das für Ihren Körper angenehm ist. Die Übungsintensität sollte ungefähr 50 Prozent Ihrer Kapazitäten betragen, das heißt, Sie sollten durch die Nase atmen oder sich nebenbei unterhalten können. Es wird empfohlen, sich möglichst täglich, zumindest aber fast täglich, 30 Minuten moderat zu bewegen. Diese Aktivitäten können auch in kürzere Einheiten unterteilt werden, die insgesamt 30 Minuten pro Tag ergeben.

Unsere wettbewerbsorientierte Sportkultur ist für viele hochsensible Menschen ein Gräuel und kann besonders für Männer eine große Herausforderung bedeuten. Viele Jungen und Mädchen werden verächtlich belächelt oder an den Rand gedrängt, wenn sie in der Schule oder an der Universität nicht gut in Mannschaftssportarten sind. Die Teilnahme an Mannschaftssport unter Druck kann jedoch Leistungsängste erzeugen, die hochsensible Menschen schlichtweg überfordern und möglicherweise Selbstwertprobleme hervorrufen. Mehr als 90 Prozent der hochsensiblen Menschen, die ich befragt habe, gaben an, Einzelsportarten vorzuziehen. Zwar sind einige HSM von Haus aus sportlich veranlagt und können mit einiger Übung mit dem Druck, der von Mannschaftssportarten ausgeht, umgehen, dennoch passen individuelle und nicht wettbewerbsorientierte Aktivitäten generell besser zum Temperament hochsensibler Menschen.

Schreiben Sie eine kurze Übersicht Ihrer Erfahrungen mit körperlichen Aktivitäten und Gruppensport von der Kindheit bis heute auf. Gibt es irgendwelche Sportarten, die Sie körperlich und emotional als anstrengend empfunden haben? Wie sind Sie mit der Situation umgegangen? Haben Sie aufgrund einer traumatischen frühen Erfahrung mit Sport seitdem alle körperlichen Aktivitäten gescheut? Seien Sie sanft und freundlich zu sich selbst, wenn Sie Ihre Erlebnisse aufschreiben, denn das könnte einige unangenehme Erinnerungen wachrufen. Wenn dabei irgendwelche emotionalen Schmerzen entstehen, beobachten Sie sie und machen Sie sich bewusst, dass Sie viel mehr sind als irgendein schmerzhaftes früheres Erlebnis.

Schreiben Sie im Lichte Ihres neuen Bewusstseins über die Beziehung zwischen einer hohen Sensibilität und dem Druck, der von Mannschaftssportarten ausgeht, auf, wie Ihre frühen Kindheitserfahrungen mit Sport hätten verlaufen können, wenn Sie von Trainern, Lehrern, Eltern und Gleichaltrigen Unterstützung erfahren hätten. Angesichts der Vorliebe hochsensibler Menschen für Individualsportarten, schreiben Sie auf, welche körperlichen Aktivitäten als Kind besser für Sie gewesen wären.

Nun ist es Zeit, sich selbst für den Erfolg auf die Schulter zu klopfen, den Sie als HSM bei der Ausübung unterschiedlicher sportlicher Aktivitäten gehabt haben. Schreiben Sie alle Ihre positiven Erfahrungen damit auf. An welchen Aktivitäten haben Sie gerne teilgenommen?

Wenn Sie Ihre Verbindung mit Sport und körperlichen Aktivitäten in der Gesellschaft untersuchen, denken Sie daran, dass wir in einer Welt leben, die aus dem Gleichgewicht geraten ist und Betonung auf Konkurrenz, Trennung und Aggression zu Lasten von Spaß, Kooperation und Mitgefühl legt. Wenn Sie oder Ihr hochsensibles Kind an einem Mannschaftssport teilnehmen wollen, wählen Sie eine Sportart, die von Haus aus weniger aggressiv ist, also eher Volleyball oder Korbball als Eishockey, American Football oder Rugby. Allerdings wird jeder Spieler oder Trainer mit einer unsensiblen Einstellung oder einem überehrgeizigen Siegesdrang jeden Sport und jedes Spiel für einen hochsensiblen Menschen zur Hölle machen. Und umgekehrt kann jeder Sport Spaß machen, wenn die Mannschaftskollegen und der Trainer kooperativ und kameradschaftlich miteinander umgehen.

SPORT

28.
WOCHE

Für HSM geeignete Aktivitäten

Wie letzte Woche besprochen, sollten HSM möglichst keine wettbewerbsintensiven Sportarten ausüben. Eine der leichtesten und kostengünstigsten Übungen zur Heilung Ihres Körpers und Ihres Geistes ist ein stiller Spaziergang in der Natur – jeden Tag. Versuchen Sie, sich dabei ganz auf den Moment zu konzentrieren, indem Sie beim Gehen meditieren (siehe 20. Woche). Das wird Ihnen dabei helfen, negative Gedanken zu verscheuchen, die Sie in innere Anspannung versetzen. Wenn Sie im Sport gerne Ihre Kräfte messen, ist es wahrscheinlich am besten, wenn Sie eine Sportart betreiben, die Sie mit einer weiteren unterstützenden Person ausüben, um eine Überreizung und die daraus resultierende Anspannung zu vermeiden.

Eine Methode zur Ausübung von körperlichen Aktivitäten bei gleichzeitiger Reduzierung der inneren Anspannung ist Hatha Yoga, das ursprünglich aus Indien stammt, sich aber in den letzten Jahren in westlichen Ländern zunehmender Beliebtheit erfreut. Die Yoga-Positionen bestehen aus einer Reihe von Dehnungsübungen, die den Körper festigen und gleichzeitig stressabbauend wirken. Wenn Sie Hatha Yoga machen, trainieren Sie Ihren Körper und beruhigen gleichzeitig Ihr Nervensystem. Erfahrene Yogalehrer werden Sie anweisen, sanfte, fließende Bewegungen durchzuführen und sich nie mit Gewalt in eine bestimmte Position zu zwingen. Tai-Chi ist eine weitere beruhigende Aktivität, die ihre Ursprünge in China hat und hierzulande sehr beliebt ist. Tai-Chi besteht aus langsamen, harmonischen Bewegungen aus der Kampfkunst, die zu innerem Frieden beitragen.

Wenn Sie derzeit keinen regelmäßigen körperlichen Aktivitäten nachgehen oder sich anschließend angespannt fühlen, wählen Sie andere Übungen aus, die Sie mit Beginn dieser Woche regelmäßig ausführen. Hier einige Beispiele:

- Tai-Chi
- Spazierengehen
- Fahrradfahren
- Schwimmen
- Krafttraining an einem Fitnessgerät
- Yoga
- kooperative Spiele, zum Beispiel Federball

Jeder hochsensible Mensch ist anders beschaffen, daher sollten Sie herausfinden, welche körperlichen Aktivitäten für Sie am besten sind. Achten Sie darauf, dass Sie wirklich Spaß dabei haben, damit Sie motiviert sind, sich regelmäßig zu bewegen.

SPORT

29. WOCHE

Ein Übungsplan

Während der sportlichen Betätigung schüttet Ihr Körper Endorphine aus, die stressmindernd wirken. Wenn Sie mit einem Familienmitglied, einem Freund oder einer Freundin Sport treiben, wird das gemeinsame spaßerfüllte Erlebnis wahrscheinlich auch positive Auswirkungen auf Ihre Beziehung zueinander haben. Konsultieren Sie grundsätzlich einen Arzt, bevor Sie sich sportlich betätigen.

Wenn Sie in einem Fitnessstudio trainieren, wählen Sie unbedingt eines mit einer ruhigen, entspannenden Atmosphäre. Eine Stunde in Räumlichkeiten, in denen Sie von lauter, aggressiver Musik beschallt werden, grellem Neonlicht und vielen lauten Menschen ausgesetzt sind, kann die innere Anspannung und Nervosität sensibler Menschen eher noch verstärken. Versuchen Sie, so oft wie möglich in freier Natur Sport zu treiben. Wie können Sie in dieser Woche einen regelmäßigen Übungsplan erstellen? Hier einige Beispiele:

- Treiben Sie Sport in der Nähe Ihres Wohnorts oder Ihres Arbeitsplatzes.
- Denken Sie darüber nach, ob Sie sich ein Übungsgerät für zu Hause anschaffen wollen, und stellen Sie es an einen Platz, an dem Sie es wahrscheinlich benutzen werden.
- Wählen Sie eine sportliche Aktivität aus, die Sie wirklich gerne machen.
- Treiben Sie sich selbst nicht bis zur Erschöpfung.
- Trainieren Sie mit einer Intensität von 50 Prozent Ihrer maximalen Kapazitäten.

Hören Sie dabei interessante CDs per Kopfhörer, sehen Sie eine inspirierende Fernsehsendung oder einen Film oder lesen Sie, während Sie ein Übungsgerät verwenden. Denken Sie daran, dass regelmäßige aerobe Übungen – das sind Übungen mit niedriger Intensität, bei denen Ihre Muskeln dauerhaft mit Sauerstoff versorgt werden – dazu beitragen, Herzerkrankungen vorzubeugen, den Blutdruck zu senken, Ihr Gewicht zu kontrollieren, Ihre Energie und Lebensfreude zu steigern und Stress und Depressionen entgegenzuwirken.

NATÜRLICHE HEILMITTEL UND ZUSÄTZE

30. WOCHE

Alternative Medizin für HSM

Angesichts der Stressanfälligkeit hochsensibler Menschen, die physische und emotionale Probleme erzeugen kann, ist es sinnvoll, wirksame natürliche Heilmittel, Vitamine und Kräuterpräparate einzunehmen, mit denen sie ihren Energiepegel und die innere Ruhe wahren und stressbedingte körperliche Reaktionen dämpfen können. Viele HSM haben mir erzählt, sie würden gerne natürliche Heilmittel nehmen, fühlten sich aber von der überwältigenden Vielfalt an Präparaten verwirrt, weil sie nicht wüssten, welches die richtigen für sie seien.

Abgesehen von der schieren Auswahl wissen Sie vielleicht auch nicht, wer Ihnen verlässliche Informationen über die einzelnen

Präparate und Kräuter geben kann. Leider ist die Situation inzwischen so, dass Millionen von Amerikanern allerlei Arzneimittel kaufen, die amerikanische Lebensmittelbehörde FDA diese Industrie aber nach wie vor nicht reguliert und die meisten Ärzte auf diesem Gebiet nicht geschult sind.

Zwar sind Kräuter und natürliche Heilmittel im Allgemeinen sicher, dennoch müssen Sie immer mit Nebenwirkungen rechnen. Wenn Sie allopathische Medikamente einnehmen (herkömmliche rezeptfreie oder verschreibungspflichtige Medikamente), müssen Sie bei gleichzeitiger Einnahme von Vitaminen und Kräutern besonders auf die Wechselwirkung achten. Zum Beispiel kann Vitamin E gefährlich sein, wenn es zusammen mit dem Blutverdünnungsmittel Coumadin eingenommen wird.

Ich empfehle Ihnen daher dringend, einen Arzt zu konsultieren, bevor Sie irgendwelche Präparate kaufen. Wenn Ihr Arzt sich mit natürlichen Heilmitteln nicht auskennt, wenden Sie sich an einen Arzt für ganzheitliche Medizin.

Es gibt zahlreiche renommierte Ärzte und Medizinforscher, die Bücher und Artikel über die sichere Einnahme von Heilmitteln und Kräuterpräparaten für die Allgemeinheit geschrieben haben. Außerdem gibt es viele ganzheitliche Heiler, zum Beispiel Homöopathen, Naturheilkundler, ayurvedische Heiler, Kräutermediziner und Akupunkteure, die sich mit diesen Heilmitteln und Kräutern auskennen. Wichtig ist auf alle Fälle, dass der von Ihnen konsultierte Experte über alle Nebeneffekte informiert ist.

Ihre medizinische Vorsorge

Möglicherweise fühlen Sie sich mit einem ganzheitlichen Gesundheitsexperten wohler, weil viele von ihnen hochsensibel sind, während man das von den meisten Ärzten nicht sagen kann. Sie müssen Ihrem Arzt unbedingt mitteilen, dass Sie ein hochsensibler

Mensch sind. Sagen Sie ihm, dass Sie dazu neigen, alles tiefer zu empfinden und Ihr Körper daher intensiver auf Medikamente und Schmerzen reagieren könnte, als es bei den meisten Menschen der Fall ist. Das ist für Ihren Arzt eine sehr wichtige Information.

Wenn Ihr letzter Gesundheitscheck mehr als ein Jahr her ist, rufen Sie in dieser Woche Ihren Arzt an und vereinbaren Sie eine gründliche Untersuchung. Nehmen Sie sich vor, Ihrem Arzt bei Ihrem nächsten Besuch Ihre ausgeprägte Sensibilität mitzuteilen (siehe 5. Woche, »Wie Sie Ihr Umfeld über Ihre psychische Besonderheit aufklären«).

Würden Sie gerne einen alternativen Gesundheitsexperten konsultieren? Wenn ja, vereinbaren Sie in dieser Woche einen Termin. Folgende Ärzte und Heiler kommen für Sie in Frage:

- Akupunkteure
- Aromatherapeuten
- ayurvedische Heiler
- Chiropraktiker
- Kräutermediziner
- Ärzte für ganzheitliche Medizin
- Homöopathen
- Hypnosetherapeuten
- Massagetherapeuten
- Naturheilkundler

Um Ihre Leiden zu lindern und Ihren Alltag zu verbessern, können Sie die Vorteile aller verfügbaren Optionen nutzen: moderne westliche Medizin, natürliche Heilmittel und Vitamine sowie alte Heilkräuter indigener Kulturen.

NATÜRLICHE HEILMITTEL UND ZUSÄTZE

31. WOCHE

Kräuter, Vitamine und andere natürliche Heilmittel

Es gibt einige ausgezeichnete Quellen für Informationen über Kräuter, Vitamine und andere natürliche Heilmittel, die wir in dieser Woche untersuchen werden. Recherchieren Sie im Internet oder informieren Sie sich mittels Fachbüchern oder -zeitschriften.

Schreiben Sie die Informationen auf, die Sie sich im Rahmen Ihrer Recherchen beschafft haben, und erstellen Sie einen Plan für die Einnahme von Vitaminen, Kräutern und anderen Präparaten. Vergessen Sie nicht, vorher Ihren Arzt zu konsultieren.

Es ist wichtig, dass Sie vor dem Kauf Preise und Qualität der Kräuterpräparate und Nahrungsmittelergänzungen prüfen. Es gibt viele kostengünstige Reformhäuser und Naturkostgeschäfte. Sie sollten stets die besten Qualitätspräparate namhafter Hersteller kaufen. Kaufen Sie keine Produkte, nur weil sie billig sind. Sprechen Sie in Ihrem Naturkostgeschäft oder Reformhaus mit der Person, die für die Bestellung dieser Präparate verantwortlich ist, um einen Eindruck von der Qualität des Herstellers zu erhalten. Leider arbeiten in vielen Geschäften ungeschulte und unerfahrene Mitarbeiter. Achten Sie darauf, dass Sie mit einer kompetenten Person sprechen. Ansonsten gehen Sie lieber in ein anderes Geschäft.

Fragen Sie immer nach dem Herstellungsdatum, da das auf der Verpackung angegebene Verfallsdatum nicht immer akkurat ist. Flachssamenöl sollte zum Beispiel innerhalb von sechs Monaten verbraucht werden, dennoch steht auf den Verpackungen gelegentlich ein Verfallsdatum von ein bis zwei Jahren. Bei Kräuterpräparaten ist es besser, eine Tinktur (Flüssigkeit, die in Alkohol oder einer nicht alkoholischen Basis konserviert wird) zu kaufen, es sei denn, Sie wissen mit Gewissheit, dass die Kapseln (oder losen Kräuter) ganz frisch sind. Nach sechs Monaten beginnt die Wirkkraft einiger Kräuter nachzulassen, und in einem Jahr haben viele Kräuter ihre Wirkung völlig verloren. Eine Tinktur kann bis zu fünf Jahre halten.

Planen Sie für diese Woche einen Besuch in Ihrem Naturkostgeschäft oder Reformhaus ein. Zu den Fragen, die Sie dort stellen sollten, könnten zum Beispiel folgende gehören:

- Wie lange arbeiten die Mitarbeiter in der Abteilung für natürliche Heilmittel schon hier?
- Welche Hersteller von natürlichen Heilmitteln haben den besten Ruf?
- Welche Nahrungsmittelergänzungen können mir bei meinen spezifischen körperlichen und emotionalen Belastungen Linderung verschaffen?

Schreiben Sie die Auskünfte auf, und bewahren Sie die Notizen in Ihrem persönlichen medizinischen Ordner auf.

Auch wenn die natürlichen Heilmittel, Nahrungsmittelergänzungen, Kräuter und Vitamine 50 Euro oder mehr im Monat kosten, machen diese Präventivmaßnahmen immer noch einen Bruchteil der Kosten aus, die auf Sie zukommen, wenn Sie Ärzte aufsuchen und herkömmliche Medikamente nehmen müssen, weil Sie Ihren Körper nicht gesund gehalten haben. Hier gilt das alte Sprichwort: Vorbeugen ist besser als heilen.

NATÜRLICHE HEILMITTEL UND ZUSÄTZE

32. WOCHE

Kräuter und andere natürliche Heilmittel, die beruhigend auf das hochsensible Nervensystem wirken

Es gibt viele Kräuter und natürliche Arzneimittel, die Sie nehmen können, um Angst und Anspannung zu lösen. Generell ist es jedoch keine gute Idee, jeden Tag Kräuterpräparate zur Stressreduzierung zu nehmen, weil sich Ihr Körper daran gewöhnen könnte und womöglich immer höhere Dosen braucht, um eine

Wirkung zu spüren. Kräuter gegen Ängste und Anspannung sollen nur bei akutem Bedarf eingenommen werden.

Zu den häufig verwendeten Kräutern zur Linderung von Angst und Anspannung gehören Baldrian, Passionsblume, Hopfen und Kamille. Viele hochsensible Menschen erzielen gute Ergebnisse mit einer Kombination aus synergistisch wirkenden Beruhigungskräutern. Jedes System reagiert jedoch anders auf Wirkstoffe und Dosierungen. Fragen Sie Ihren Arzt oder alternativen Gesundheitsexperten, welche Dosierung er Ihnen empfiehlt. Da HSM auch auf Kräuter sehr sensibel reagieren, sollten Sie mit einer geringen Dosis beginnen und sie unter Aufsicht Ihres Gesundheitsexperten langsam steigern. Experimentieren Sie mit unterschiedlichen Kräutern, um herauszufinden, welche bei Ihnen die beste Wirkung zeigen. Die folgenden drei Substanzen wirken sich beruhigend auf das Nervensystem aus: Taurin (2-Aminoethansulfonsäure), Glycin und GABA (Abkürzung für den Neurotransmitter γ-Aminobuttersäure). Und schließlich gibt es noch die Bachblütentinktur mit dem Namen »Notfalltropfen«, die in stressigen Situationen für ruhige Nerven sorgt.

Ein Großteil der Informationen in diesem Buch basiert auf den Prinzipien des traditionellen indischen Heilsystems Ayurveda. Zu den nervenberuhigenden ayurvedischen Kräutern gehören Jatamansi (indische Narde) und Ashwagandha. Suchen Sie einen ayurvedischen Heiler auf oder bestellen Sie ayurvedische Kräuter, zum Beispiel bei www.ayurveda-marktplatz.de. Beruhigende ayurvedische Kräuter auf Sesamöl- und Rizinusölbasis sind sehr wirksame Entspannungsmittel, die Sie immer dann verwenden können, wenn Sie unter großer Belastung stehen. Tupfen Sie beispielsweise einige Tropfen Öl auf Ihre Stirn und Ohren. Wenn das Öl von Ihrer Haut aufgenommen wird, tritt schnell Entspannung ein.

Wenn Sie reisen oder unter Stress stehen, kann Schlaflosigkeit die Folge sein. Sie können vor dem Schlafengehen schlaffördernde Kräuter wie Hopfen oder Baldrian einnehmen oder auch die Einnahme von Melatonin[1] ausprobieren. Das ist das sogenannte Schlafhormon. Nehmen Sie eine Stunde vor dem Schlafengehen ein Melatoninpräparat ein, das die Wirkstoffe mit zeitlicher Verzögerung freisetzt (»Retard«). Das hilft Ihnen beim Einschlafen und reduziert den Jetlag. Wenn Sie einen Langstreckenflug hinter sich haben, leiden Sie womöglich unter den Folgen der Zeitverschiebung. Ein homöopathisches Mittel mit dem Namen »No Jet Lag« kann die jetlagbedingten Schlafstörungen lindern; erhältlich ist das Mittel z. B. online.

Erstellen Sie eine Liste und kaufen Sie in dieser Woche irgendeines oder mehrere der folgenden Kräuter und Heilmittel:

– Baldrian, Hopfen oder Passionsblume
– Kamille
– ein Mischpräparat aus verschiedenen spannungslösenden Kräutern
– Taurin, Glycin und GABA
– Notfalltropfen
– ayurvedische Kräuter zur Beruhigung, zum Beispiel Jatamansi und Ashwagandha
– das beruhigende ayurvedische Öl Prabhanjanam Kuzhampu
– Melatonin
– »No Jet Lag«

Vergessen Sie nicht, vor der Einnahme einen Arzt oder qualifizierten Gesundheitsexperten zu konsultieren.

---

1 Die Einnahme von Melatonin sollte jedoch nicht über einen längeren Zeitraum erfolgen. Außerdem sollten Sie einen Arzt konsultieren, bevor Sie mit der Einnahme beginnen.

BEZIEHUNGEN

33.
WOCHE

Wie Sie harmonische Beziehungen pflegen

In diesem Abschnitt werden wir untersuchen, wie Ihre psychische Beschaffenheit als hochsensibler Mensch Einfluss auf Beziehungen hat, und Techniken erlernen, mit denen wir zu allen Menschen eine positive Beziehung aufbauen.

Als HSM neigen Sie gelegentlich dazu, auf die Launen und Verhaltensweisen anderer überzureagieren. Hochsensible Kinder sind oft sehr von heftigen Streitereien zwischen ihren Eltern oder deren (negativem) emotionalem Verhalten ihnen gegenüber betroffen. Diese hochsensiblen Kinder aus dysfunktionalen Familien saugen den Schmerz ihrer Eltern wie ein Schwamm auf und programmieren sich damit selbst auf unharmonische Beziehungen im Erwachsenenalter.

Herzzentrierte Meditation
für hochsensible Menschen

Diese Woche werden Sie einige neue Methoden zur Lösung zwischenmenschlicher Konflikte erlernen und anwenden. Probieren Sie diese Woche die folgenden Übungen aus.

Die nachstehende Übung nennt sich »herzzentrierte Meditation« und ist eine einfache Übung, mit der sich schädliche Gefühle und Wut leicht in Liebe verwandeln lassen. Indem Sie diese Visualisierung aufnehmen oder jemanden bitten, Sie ihnen langsam vorzulesen, wird es Ihnen gelingen, in die Tiefe Ihres Herzens vorzudringen, es zu öffnen und Liebe zu verspüren.

Denken Sie an ein kürzliches Erlebnis, bei dem Sie auf die Verletzung durch eine andere Person mit Wut reagiert haben. Fokussiert Ihre Aufmerksamkeit auf Ihren Kopf oder Ihr Herz? Atmen Sie nun tief und langsam in Ihren Bauch ... Konzentrieren Sie sich auf die Luft, die Ihren Bauch aufbläht, und atmen Sie langsam aus ... Verlagern Sie Ihr Bewusstsein nun auf die linke Hand, den linken Ellenbogen, die linke Schulter und die linke Seite der Brust bis in Ihr Herz ... Spüren Sie, wie sich Ihr Herz vor Liebe ausdehnt ... Spüren Sie ganz tief in Ihrem Herzen den Frieden und die Harmonie in der Stille und Ruhe der Konzentration auf Ihr Herz ... Als Nächstes visualisieren Sie ein positives Erlebnis, das Sie mit derselben Person hatten ... Welche Gefühle hatten Sie bei der Gelegenheit für diese Person? Nehmen Sie sich viel Zeit, um die Qualitäten dieser Person wirklich zu visualisieren ... Fragen Sie sich, ob Sie die Wut loslassen können ... Werden Sie sie loslassen? Wann werden Sie sie loslassen? Das Herz kennt nur Liebe und wird die Wut immer loslassen ... Wenn Sie Ihre Wut hinter sich gelassen haben, haben Sie sich von einem kopfzentrierten, verurteilenden Schema zu einem herzzentrierten, liebenden Schema bewegt.

Das Einmal-die-Woche-Meditationsprogramm

Eine Methode zur Verbesserung von Beziehungen, die sich für viele HSM sehr bewährt hat, ist das »Einmal-die-Woche-Meditationsprogramm«, wie ich es nenne. Beide Personen einer Beziehung einigen sich darauf, diese Woche über keine Streitthemen zu sprechen. Wenn zwei Personen jeden Tag miteinander streiten, beginnt sich die Beziehung zu verschlechtern. Da das Ego Dramen und Konflikte liebt, müssen Sie sehr aufpassen, dass Sie sich nicht mit den negativen Gedanken identifizieren, die Ihnen zu dieser Person in den Sinn kommen. Mit der Ausnahme, dass sich das Problem umgehend lösen lässt, sollten beide Personen eine konkrete Zeit im Verlauf der Woche ausmachen, um das Problem zu besprechen. Wählen Sie einen Zeitpunkt, an dem Sie beide entspannt sind und nicht unter Zeitdruck stehen, zum Beispiel einen Nachmittag am Wochenende. Während der Woche können Sie alles aufschreiben, das Sie an der anderen Person stört. Wenn Sie Ihre Gedanken und Gefühle aufschreiben, unterdrücken Sie Ihre Gefühle nicht oder eskalieren den Konflikt, indem Sie sich jeden Tag in ein Wortgefecht verstricken.

Für Sie beide ist es gut, wenn Sie meditieren oder langsame, tiefe Atmung praktizieren, bevor Sie über ein Streitthema sprechen. Beginnen Sie Ihr Gespräch, indem Sie der anderen Person sagen, wie sehr Sie sie schätzen. Beide sollten sich darauf einigen, sanft und leise zu sprechen, da HSM nicht gut auf Lärm reagieren. Teilen Sie Ihrem Gesprächspartner während der Meditation mit, wie Sie sich fühlen, anstatt alles aufzuzählen, was er Ihrer Meinung nach falsch macht, weil er mit Situationen anders umgeht als Sie oder ein anderes Temperament hat. Versuchen Sie, die Situation aus der Perspektive der anderen Person zu sehen, indem Sie wiederholen, was sie gesagt hat und wie sie sich fühlt. Seien Sie offen für einen Kompromiss.

Probieren Sie die Einmal-die-Woche-Meditation mit Ihrem Partner, einem Familienmitglied, einem Kollegen, einer Kollegin oder
einer anderen Person aus, mit der Sie Kommunikationsschwierig-
keiten haben.

BEZIEHUNGEN

Übungen zur Konfliktlösung

In dieser Woche üben wir zwei weitere hervorragende Techniken zur Reduzierung von Konflikten in Ihrem Leben.

Machen Sie fünf Sekunden Pause

In der 20. Woche haben wir über die Technik gesprochen, in einem Gespräch vor jeder Antwort fünf Sekunden Pause einzulegen, um den Reizpegel zu senken. Da HSM dazu neigen, Information langsam zu verarbeiten, ist diese Technik sehr hilfreich, um die eigene Mitte zu wahren. Beide Gesprächspartner einigen sich darauf, fünf Sekunden zu warten, bevor sie auf den anderen antworten. Vielleicht wollen Sie Ihren Gesprächspartner daran erinnern, dass

HSM mehr Zeit brauchen, um Information zu verarbeiten. Wenn beide sich darauf einigen, jeweils fünf Sekunden zu warten, bis sie antworten, kann ein Konflikt kaum eskalieren. Diese Technik ist ein äußerst wirkungsvolles Instrument, mit dem HSM harmonische Beziehungen wahren können.

Die 1-Prozent-Entschuldigung

Eine weitere Methode, die ich oft empfohlen habe, um Auseinandersetzungen zu schlichten, nennt sich »Die 1-Prozent-Entschuldigung«. Jeder Konflikt hat zwei Seiten. Übernehmen Sie die Verantwortung für Ihren Anteil am Streit, selbst wenn Sie glauben, er mache nur ein Prozent des Problems aus, und entschuldigen Sie sich einfach. Ihr Ausdruck der Reue eröffnet Ihrem Gegenüber die Möglichkeit, sich ebenfalls für seinen Anteil am Streit zu entschuldigen. Aber erwarten oder fordern Sie keine Entschuldigung. Selbst wenn sich die andere Person nicht entschuldigt, haben Sie sich innere Ruhe verschafft, indem Sie Ihr Herz geöffnet, niemandem die Schuld gegeben und die Verantwortung für Ihr Verhalten übernommen haben.

Gibt es jemanden, mit dem oder der Sie einen seit Langem schwelenden Konflikt haben? Wann würden Sie die 1-Prozent-Entschuldigung gerne mit dieser Person ausprobieren? Legen Sie für diese Woche einen Zeitpunkt für die Anwendung dieser effektiven Technik fest.

Es wäre nützlich, wenn Sie die Konfliktlösungsübungen, die sich für Sie am besten bewährt haben, aufschreiben und sie regelmäßig weiter anwenden.

BEZIEHUNGEN

35.
WOCHE

Schweigen

Da sich ein hochsensibler Mensch in einer stillen Umgebung wohler fühlt, sollten wir die Zeit reduzieren, die wir mit Sprechen verbringen. Wenn Sie mit anderen Menschen schweigen, sinkt das Potenzial für zwischenmenschliche Konflikte. Außerdem raubt Ihnen zu viel Sprechen Energie. Es ist wichtig, dass Sie Ihre Worte sorgfältig wählen, um eine Überreizung zu vermeiden.

Sich in einer Gruppe still zu verhalten, kann äußerst nützlich sein. Sie werden einen größeren inneren Frieden verspüren, wenn Sie das Schweigen in großen Gruppen praktizieren, denn Sie müssen nicht ständig Ihre Meinung kundtun oder über sich selbst sprechen. Äußerungen, die sich ausschließlich auf die eigene Person konzentrieren, können zudem Ihr Ego aufblähen, das an Konflikten eher wächst, wodurch ein Teufelskreis entstehen kann. Wenn

Sie in Gruppen normalerweise introvertiert sind, dann ist diese Praxis allerdings nicht für Sie gedacht. Sie sollten Schweigen nicht als Ausrede zur Vermeidung zwischenmenschlicher Kontakte benutzen, da das Ziel dieser Übung ein ausbalanciertes Leben ist.

Gibt es eine Gruppenveranstaltung, bei der Sie sich von dem unaufhörlichen Stimmengewirr überfordert fühlen? Teilen Sie den anderen Teilnehmern mit, dass Sie während der gesamten Aktivität schweigen werden.

Schreiben Sie die Tage und Uhrzeiten von zwei Anlässen auf, bei denen Sie in dieser Woche schweigen werden. Hier einige Beispiele:

– ein Familientreffen
– ein Meeting
– ein Abend im Kreis der Familie
– nicht unmittelbar berufsbezogene und notwendige Kommunikation am Arbeitsplatz

Zunächst mag es sich merkwürdig anfühlen, in einer Gruppe schweigend dabeizusitzen oder miteinander zu schweigen, aber in dem Maße, wie Sie diese stillen Zusammenkünfte immer mehr genießen können, können Sie diese Übung auf andere Bereiche Ihres Lebens ausdehnen. Achten Sie darauf, dass Sie sich stets ganz auf den Moment konzentrieren, anstatt sich von sorgenvollen Gedanken über die Vergangenheit oder Zukunft ablenken zu lassen. Es könnte eine gute Idee sein, Ihre Familie oder Freunde zu bitten, Sie daran zu erinnern, dass Sie schweigen wollen, um diese Übung zu verstärken.

BEZIEHUNGEN

Kommunizieren Sie Ihre Wünsche

Da unsere aggressive Gesellschaft Verhaltensweisen gutheißt, die einem hochsensiblen Menschen nicht entsprechen, muss dieser lernen, Grenzen zu setzen und seine Bedürfnisse zu behaupten. Leider sind viele HSM schüchtern, und es ist ihnen peinlich, laut zu äußern, was sie wollen und brauchen. Vielleicht wurde Ihnen Ihr ganzes Leben lang eingeredet, dass mit Ihnen etwas nicht stimmt, weil Sie so sensibel sind, sodass Sie oft still vor sich hin leiden oder versuchen, Ihre Umgebung zu kontrollieren, indem Sie schwierige Situationen möglichst meiden. Wenn Sie Ihre Gefühle jedoch unterdrücken, kann das zu Frustration, Isolation und Depression führen. Wenn Sie versuchen, sich aus einer Position der

Liebe und Wertschätzung mit Ihren Bedürfnissen zu behaupten, können Sie positive Veränderungen in allen Ihren Beziehungen erzeugen.

Es ist hilfreich, eine persönliche Beziehung zu einer Person herzustellen, bevor Sie sie bitten, ihr Verhalten zu ändern. In einigen Situationen ist es unter Umständen nützlich, darauf hinzuweisen, dass Sie ein besonders empfindliches Nervensystem mit ganz feinen Antennen haben, bevor Sie um eine Verhaltensänderung bitten.

Jetzt wäre ein guter Zeitpunkt, das zu praktizieren, was Sie sich in der 5. Woche über die Kommunikation hinsichtlich Ihrer psychischen Beschaffenheit eingeprägt haben.

Gibt es eine Person, mit der Sie aufgrund Ihrer hohen Sensibilität Probleme haben? Schreiben Sie auf, wie Sie sich dieser Person gegenüber auf positive Weise behaupten können, und üben Sie das. Beachten Sie dabei folgende Punkte:

1. Stellen Sie eine persönliche Beziehung zu der betreffenden Person her, indem Sie sich zum Beispiel nach ihrer Arbeit, ihrer Familie, ihren Hobbys oder ihren Urlaubsplänen erkundigen.
2. Teilen Sie der Person mit (oder erinnern Sie sie daran), dass Sie ein besonders empfindliches Nervensystem haben.
3. Sagen Sie ihr, dass sie nichts falsch macht, und übernehmen Sie die Verantwortung für Ihre feinen Nervenantennen.
4. Bitten Sie freundlich um eine Verhaltensänderung. Machen Sie mit der Person ein Brainstorming möglicher Kompromisse, und fragen Sie sie, welche Lösungen für sie funktionieren könnten.
5. Danken Sie der Person für ihre Rücksichtnahme, und fragen Sie sie, ob es irgendetwas gibt, das Sie für sie tun können, um ihr zu helfen.

Herzzentrierte Selbstbehauptung

Um Ihre Fähigkeit zu verbessern, Ihre Bedürfnisse laut zu äußern, ist es vielleicht sinnvoll, einen Kurs in Selbstbehauptung zu belegen, die Situation mit einem Therapeuten zu besprechen oder sie mit einem Freund oder einer Freundin in einem Rollenspiel zu üben. Probieren Sie die folgende geführte Visualisierung aus, bevor Sie äußern, was Sie sich wünschen:

Atmen Sie einige Momente langsam und tief in den Bauch. Konzentrieren Sie Ihre Aufmerksamkeit auf Ihr Herz ... Visualisieren Sie, wie Sie der Person, die ein für Sie schädliches Verhalten zeigt, von Herzen mitteilen, was Sie wollen. Achten Sie darauf, dass der Person nicht bewusst ist, wie sehr ihr Verhalten Ihnen schadet. Wenn es sich um eine Person handelt, mit der Sie bereits eine Beziehung unterhalten, stellen Sie sich vor, wie Sie ihr mitteilen, dass Sie ein besonders empfindliches Nervensystem haben. Stellen Sie sich anschließend vor, wie Sie diese Person bitten, ihr Verhalten zu ändern. Beobachten Sie deutlich, wie die Person eine positive Verhaltensänderung vornimmt.

Wenn wir unsere Bedürfnisse auf liebevolle und urteilsfreie Art kommunizieren, ist die Wahrscheinlichkeit sehr groß, dass wir positive Veränderungen in unserem Leben herbeiführen können. Die andere Person ist sich möglicherweise gar nicht bewusst, dass ihr Verhalten bei Ihnen zu Irritationen führt. Wenn Sie zu lange warten, bevor Sie Ihre Bedürfnisse äußern, besteht die Gefahr, dass Sie überreagieren, wenn Sie sie schließlich bitten, ihr Verhalten zu ändern.

Schreiben Sie den Namen der Person und das Datum auf, an dem Sie sich ihr gegenüber freundlich behaupten. Wenn Sie sich unbehaglich dabei fühlen, die Person direkt darauf anzusprechen, können Sie auch einen Brief oder eine E-Mail schreiben. Machen Sie das jedoch nicht, wenn Sie emotional aufgewühlt sind. Führen Sie zuerst eine herzzentrierte Visualisierung durch.

Gelegentlich treffen Sie auf Personen, die nicht anpassungs-
bereit sind und es Ihnen vielleicht übel nehmen, dass Sie sie um
eine Verhaltensänderung bitten. Dann müssen Sie sich eine kreative Lösung ausdenken. Manchmal ist es klüger, kleine vorüberge-
hende Unbequemlichkeiten in Kauf zu nehmen, als sich öffentlich
zu behaupten. Wenn die betreffende Person feindselig reagiert,
müssen Sie vielleicht Änderungen in Ihrem eigenen Leben vornehmen. Denken Sie daran, dass das Ziel in Ihrem Leben innerer Frieden ist und nicht, dass Sie anderen diesen Frieden opfern.

Wenn Sie Ihr Selbstwertgefühl gesteigert und an innerer Ruhe
gewonnen haben, wird die Versuchung, aggressive Menschen in
Ihr Leben zu lassen, abnehmen, und Sie werden mehr liebevolle
Menschen an sich heranlassen. Sie werden einen größeren inneren
Frieden verspüren, wenn Sie sich in Ihren Beziehungen jede Ten-
denz zur Erzeugung von Dramen bewusst machen. Einer der wichtigsten Faktoren für harmonische Beziehungen ist die Konzentration auf Ihren inneren Frieden.

SPIRITUALITÄT

37.
WOCHE

Wie Sie spirituelle Erfahrungen teilen

In den nächsten drei Wochen werden Sie Methoden zur Spiritualisierung Ihrer Beziehungen kennenlernen. Ihr Austausch mit anderen Menschen kann harmonischer werden, wenn Sie eine spirituelle Verbindung zu ihnen herstellen.

Anstatt kostbare Momente mit Streit über unterschiedliche Sensibilitäten zu verschwenden, denken Sie über neue Aktivitäten nach, die allen Beteiligten Spaß und Freude machen. Unternehmen Sie mit Ihrem Partner, Ihrer Familie und/oder Freunden einen Spaziergang durch die Natur, der bei allen die Stimmung hebt. Vielleicht wollen Sie auch gemeinsame spirituelle Übungen durchführen. Spirituelle Übungen mit Menschen, die Ihnen nahestehen, festigen die seelische Verbindung zwischen Ihnen, und das macht es leichter, kleine temperamentbedingte Differenzen zu überwinden.

Welche spirituellen Aktivitäten können Sie in dieser Woche mit Ihrer Familie und Freunden unternehmen? Hier einige Beispiele:

– einen entspannten Spaziergang durch den Park oder einen Wald machen
– einen entspannten Nachmittag an einem See, Fluss oder am Meer verbringen
– den Sonnenaufgang oder Sonnenuntergang beobachten
– meditieren
– beten
– gemeinsam ein spirituelles Buch lesen
– einen spirituell inspirierenden Film ansehen

Menschen, die gemeinsam genussvollen Aktivitäten nachgehen, streiten weniger. Da HSM in einer ruhigen natürlichen Umgebung aufblühen, sind Ausflüge ans Meer, an einen Fluss, in die Berge oder in den Wald sehr entspannend. Wenn sie dagegen an Aktivitäten teilnehmen, die ihr reizempfindliches Nervensystem irritieren, zum Beispiel ein Abendessen in einem lauten, vollen Restaurant, wird die spirituelle Verbindung gestört. Es ist wichtig, dass Sie bei der Planung von gemeinsamen Aktivitäten mit Ihren nicht hochsensiblen Familienmitgliedern oder Freunden Kompromisse finden. Zwar ist es völlig in Ordnung, wenn Sie gelegentlich für kurze Zeit eine reizintensive Umgebung aufsuchen, allerdings sollten Sie darauf achten, dass Sie nicht Ihre persönliche Grenzschwelle überschreiten, nur um Ihrer Familie oder Ihren Freunden einen Gefallen zu tun.

Erstellen Sie eine Liste mit Aktivitäten, die Sie mit Ihrer Familie und Freunden unternehmen. Ordnen Sie sie gemäß ihrer Reizintensität in einer Rangliste. Diese Liste wird Ihnen dabei helfen,

Kompromisse zu finden. Folgende Aktivitäten könnte die Liste enthalten:

- Besuch einer großen, bedeutenden Sportveranstaltung
- Besuch eines vor Kurzem erschienenen und sehr beliebten Kinofilms an einem Samstagabend
- Besuch eines Einkaufszentrums an einem Wochentag
- Besuch eines Vortrags
- Abendessen in einem ruhigen Restaurant an einem Wochentag vor der Hauptessenszeit
- eine Einladung an einige Freunde zum Abendessen
- ein entspannter Spaziergang in der Natur nur mit der Familie oder einem Freund oder Freundin
- gemeinsame Gartenarbeit mit einem Familienmitglied oder einem Freund oder Freundin

Hängen Sie die Liste an einem deutlich sichtbaren Ort auf, sodass Sie schnell und leicht entscheiden können, welche Reizintensität Sie in einem bestimmten Moment ertragen können, bevor Sie Pläne machen.

SPIRITUALITÄT

38. WOCHE

Heilende Meditation

Wenn Sie mit anderen auf seelischer Ebene Verbindung aufnehmen, anstatt auf einer vorübergehenden persönlichen
Ebene, werden sich Ihre Beziehungen verbessern. Wenn Sie die
göttlichen Qualitäten in anderen Menschen pflegen und nähren,
indem Sie Freundlichkeit verbreiten, wird das Licht eines intensi-
veren Bewusstseins in allen Ihren Beziehungen aufleuchten.

Es ist wichtig, dass Sie Mitgefühl für weniger sensible Menschen
empfinden. Sie wollen doch kein hochsensibler Mensch sein, dessen Sensibilität sich auf seine eigene Befindlichkeit beschränkt.
Zwar ist die Lärm-, Geruchs- und Lichttoleranz nicht hochsensibler Menschen wesentlich höher, aber auch sie können bei Überreizung Irritation und Anspannung empfinden.

Widmen Sie einer anderen Person die Liebe-und-Licht-Meditation.

Wählen Sie eine Person aus, die Sie in der Vergangenheit schlecht behandelt hat oder Sie gegenwärtig schlecht behandelt. Die folgende Übung ist eine effektive Visualisierung, die Sie in dieser Woche durchführen, um Ihre Verletzung zu heilen und Ihre Wut loszulassen.

Nehmen Sie eine bequeme Sitzhaltung ein, und schließen Sie Ihre Augen. Atmen Sie langsam durch die Nase in Ihren Unterbauch ein, und zählen Sie dabei bis fünf ... Zählen Sie bis fünf, und halten Sie solange die Luft an ... Atmen Sie dann im gleichen Rhythmus langsam aus. Spüren Sie, wie sich Ihr Körper mit jedem Atemzug weiter entspannt.

Denken Sie einige Momente über eine Person nach, die Sie schlecht behandelt hat. Konzentrieren Sie anschließend Ihre Energie in Ihrem Herzen und meditieren Sie darüber, dass sich diese Person nach Liebe und Bestätigung sehnt. Senden Sie ihr in Gedanken und von Herzen liebendes, heilendes weißes Licht. Visualisieren Sie, wie die heilende Energie die äußerliche Hülle der betreffenden Person durchdringt und in ihr Herz eindringt. Beobachten Sie, wie sich der Keim der göttlichen Liebe in ihr Herz pflanzt. Spüren Sie, wie die Person weicher wird und sich der göttlichen Liebe öffnet, während Sie ihr weiterhin heilende Energie senden.

Je öfter Sie Vergebung üben und ein Gefühl der Einheit mit anderen verspüren, desto intensiver und positiver wird die spirituelle Verbindung zwischen Ihnen und anderen Menschen. Wenn Sie sich selbst aus Versehen mit dem Finger ins Auge stechen, reiben Sie sich sowohl den Finger als auch das Auge. Sie geben Ihrem Finger keine Schuld. Dem vergleichbar werden Sie anderen immer genauso helfen wollen wie sich selbst, wenn Sie Ihre göttliche Verbindung zu allen fühlenden Wesen spüren.

Die Meditation der Einheit mit allen fühlenden Wesen

Für die folgende Visualisierung können Sie jemanden bitten, die Meditationsanleitung vorzulesen, oder nehmen Sie sie auf und spielen sie anschließend ab. Dies ist eine ausgezeichnete spirituelle Aktivität, die Sie in dieser Woche gemeinsam mit Ihrer Familie und Ihren Freunden ausführen können.

Schließen Sie die Augen, atmen Sie tief und langsam, und konzentrieren Sie sich dabei auf Ihren Bauch. Spüren Sie, wie sich alle Muskeln Ihres Körpers von Kopf bis Fuß entspannen. Visualisieren Sie, dass Sie in einem schönen Raum sitzen.

Spüren Sie, wie die Energie aus Ihrem Herzen austritt und sich ausbreitet. Wenn sich andere Personen in dem Raum befinden, spüren Sie, wie Sie eins mit ihnen werden ... Visualisieren Sie nun ganz klar das Haus beziehungsweise Gebäude, in dem Sie sich befinden, während sich Ihre Energie weiter ausbreitet und weitere Lebewesen erreicht, einschließlich Haustiere und Pflanzen, die sich in dem Gebäude befinden. Ihre Energie dehnt sich weiter aus und erreicht alle Menschen in Ihrer Nachbarschaft ... Ihrer Stadt ... Nun ist Ihre Energie so mächtig, dass Sie sich mit allen Seelen Ihres Landes verbunden fühlen ... Ihr inneres Licht kennt keine Grenzen, während es eine Verbindung mit der gesamten Menschheit und allen Kreaturen und Pflanzen des Planeten aufnimmt. Das Licht macht einen Quantensprung, und nun sind Sie eins mit allen Galaxien des Universums.

(Lange Pause) Wenn Sie sich bereit fühlen, spüren Sie, wie Ihr inneres Licht zur Erde zurückkehrt ... in Ihr Land ... Ihre Stadt ... Ihr Wohnviertel ... dieses Gebäude ... und schließlich in den Raum zurückkehrt, in dem Sie sitzen.

Dies ist eine hilfreiche Visualisierung, die Sie praktizieren können, wenn Sie sich aufgrund Ihrer ausgeprägten Sensibilität fremd, anders und nicht zugehörig fühlen.

SPIRITUALITÄT

39.
WOCHE

Anderen zu helfen steigert die eigene Lebensfreude

Einer der wichtigsten Aspekte einer hochsensiblen Psyche ist die Fähigkeit, Mitgefühl für leidende Mitmenschen zu empfinden. Wenn Sie von den Gedanken besessen sind, wie eine bestimmte Person Ihre Gefühle verletzt hat, macht das die Situation nur noch schlimmer. Sie können diese negativen Gefühle aber in positive Gefühle verwandeln, indem Sie Freundlichkeit und Mitgefühl gegenüber anderen Menschen zeigen. Wenn Sie etwas für andere Menschen tun, benutzen Sie Ihre angeborene Sensibilität, um sich selbst und die Welt zu heilen.

Wenn Sie sich in zwischenmenschlichen Problemen vergraben, fühlen Sie sich möglicherweise deprimiert. Wenn Sie dagegen anderen helfen, werden die Endorphine, die Ihr Körper ausschüttet, Sie buchstäblich mehr Freude empfinden lassen. Außerdem wird Ihr Ego, das nur um die eigenen Probleme kreisen will, göttliche Freude im gegenwärtigen Augenblick empfinden.

Erstellen Sie eine Liste mit guten Taten, die Sie tun wollen. Probieren Sie in dieser Woche jeden Tag mehrere willkürliche Dinge aus. Hier einige Beispiele:

– Kochen Sie für einen älteren Nachbarn.
– Arbeiten Sie ehrenamtlich in einem Obdachlosenheim.
– Spielen Sie mit einem einsamen Kind.
– Besuchen Sie Patienten in einem Pflegeheim.
– Übernehmen Sie die Pflichten Ihres Wohnungsgenossen.
– Sagen Sie einem überlasteten Verkäufer einige freundliche Worte.
– Lassen Sie einem Autofahrer die Vorfahrt.
– Machen Sie Ihrer Familie, Freunden und Kollegen echte Komplimente.

Wenn Sie sich auf den gegenwärtigen Moment konzentrieren und anderen Menschen helfen, ist es fast unmöglich, Zeit mit Gedanken darüber zu verbringen, wie jemand in der Vergangenheit Ihre Gefühle verletzt hat, oder sich über die Zukunft zu sorgen. Achten Sie darauf, wie sich Ihr Wohlbefinden verbessert und sich Ihre Stimmung hebt, wenn Sie etwas für andere tun.

BERUF UND ARBEITSPLATZ

40.
WOCHE

Stressabbau am Arbeitsplatz

In den nächsten fünf Wochen werden Sie lernen, wie Sie den Stress am Arbeitsplatz reduzieren und gleichzeitig eine entspannte Arbeitsatmosphäre erzeugen können. Für sensible Menschen ist es eine große Herausforderung, unter Zeitdruck, für einen rücksichtslosen Vorgesetzten oder mit einem schwierigen Kollegen zu arbeiten. Mehr als 95 Prozent der hochsensiblen Menschen, die ich befragt habe, geben an, Stress in der Arbeit wirke sich negativ auf ihre körperliche oder emotionale Gesundheit aus.

Aufgrund Ihres Verantwortungsgefühls und Ihres Wunsches, Ihre beruflichen Pflichten zu erfüllen, geraten Sie vielleicht in die Situation, dass Sie tausend Dinge gleichzeitig angreifen und versuchen, alle anspruchsvollen Aufgaben auf einmal zu erledigen, was zu körperlicher und emotionaler Erschöpfung führt. Selbst in weniger anstrengenden Situationen möchten Sie verantwortungsbewusst handeln und keine Fehler machen, die Stress verursachen. Das Gefühl, den Ansprüchen eines nicht hochsensiblen Alphatyps nicht genügen zu können, kann Frustration, Anspannung und ein geringes Selbstwertgefühl verursachen.

Die Entpersonalisierung des Arbeitsalltags ist einer der Hauptgründe für beruflichen Stress und Unzufriedenheit. Fehlende menschliche Kontakte am Arbeitsplatz tragen überdies dazu bei, das Gefühl der sozialen Isolation zu verstärken.

So manche anstrengenden Arbeitsbedingungen lassen sich verbessern, wenn man mit kooperativen und hilfsbereiten Menschen zusammenarbeitet. Wenn Sie eine Arbeit machen, die Sie als bedeutsam empfinden, steigt Ihre Arbeitszufriedenheit. Wenn Sie zum Beispiel erkennen, welchen Nutzen Ihre Arbeit der Menschheit bietet, werden Sie Ihre Arbeit wahrscheinlich mit größerer Begeisterung machen.

Erstellen Sie eine Liste mit Bereichen, die Ihnen in der Arbeit Stress verursachen. Hier einige Beispiele:

– Mein Chef gibt mir viel zu wenig Zeit, um schwierige Aufgaben zu erledigen.
– Ich habe keinerlei Unterstützung in der Arbeit.
– Einige meiner Kollegen sind äußerst grob.
– Meine Arbeitsroutine langweilt mich.
– Ich mache meinen Job nur wegen des Geldes.
– Man verlangt oft, dass ich Überstunden mache.

Wenn Sie die Ursachen für Ihre innere Anspannung konkretisieren können, wird es Ihnen gelingen, die notwendigen Veränderungen vorzunehmen, um Ihren beruflichen Stress zu reduzieren und ein harmonischeres Arbeitsumfeld zu schaffen.

Wenn Sie dank Ihrer Willenskraft beschließen, in Ihrem Job glücklich und zufrieden zu sein, steigt die Wahrscheinlichkeit, dass

Sie Ihre Arbeit gerne machen. Wenn Sie sich zum Beispiel vornehmen, die Beziehung zu Ihren Kollegen und Vorgesetzten zu verbessern, wird Ihre Arbeitszufriedenheit steigen. Wenn Sie jedoch
trotz aller Energie, die Sie in die Verbesserung Ihrer schwierigen
Arbeitssituation investieren, keine Verbesserung erzielen, können
Sie immer noch kündigen. Es gibt stets Alternativen.

BERUF UND ARBEITSPLATZ

41.
WOCHE

Wie Sie ein harmonisches Arbeitsumfeld erzeugen

In dieser Woche werden wir über zahlreiche spezifische Methoden sprechen, mit denen Sie ein ruhiges und harmonisches Arbeitsumfeld erzeugen können. Entwickeln Sie beispielsweise eine tägliche Arbeitsroutine, die die Reizintensität senkt, anstatt jeden Morgen sofort in einen hektischen Arbeitsalltag einzutauchen. Wenn Sie an Ihrem Arbeitsplatz ankommen, finden Sie zunächst Ihre Mitte, indem Sie einige Minuten meditieren oder tiefe Bauchatmung praktizieren. Sehen Sie sich die anstehenden Aufgaben an, und entscheiden Sie vor dem Hintergrund Ihrer ausgeprägten Sensibilität, welche Aufgaben Sie an diesem Tag realistischerweise erledigen können.

Versuchen Sie, jede Stunde eine kurze progressive Entspannung durchzuführen, indem Sie visualisieren, wie sich alle Muskeln Ihres Körpers mit jedem tiefen, langsamen Atemzug immer weiter entspannen. Vielleicht sollten Sie auch während kleiner Pausen zwischendurch oder während Ihrer Mittagspause kurz meditieren. Sprechen Sie mit Ihrem Vorgesetzten, ob es möglich ist, einen Meditationsraum einzurichten. Sie könnten ihn oder sie darauf aufmerksam machen, dass die Effizienz der Mitarbeiter steigen würde, wenn das Unternehmen einen ruhigen, lärmfreien Raum hätte, in dem die Mitarbeiter mehrmals am Tag kurze Meditationspausen nehmen könnten. Ein ruhiger, dunkler Raum ist für einen HSM, der in einer reizintensiven Umgebung arbeitet, ein wahrer Segen.

Hochsensiblen Menschen, die unter Schlaflosigkeit leiden, fällt es meistens sehr schwer, frühmorgens zu arbeiten. Fragen Sie Ihren Arbeitgeber, ob es die Möglichkeit gibt, etwas später zu beginnen und dafür eine kürzere Mittagspause zu machen oder etwas länger zu arbeiten.

Für hochsensible Menschen, die gerne früh anfangen zu arbeiten, kann es sehr hilfreich sein, den Tag in Ruhe und ohne große Ablenkungen zu beginnen. Sie können gemeinsam mit Ihrem Vorgesetzten überlegen, ob Sie einen Teil Ihrer Arbeit von zu Hause aus erledigen können – die ideale Arbeitsform für einen hochsensiblen Menschen.

Überlegen Sie sich, welche der nachfolgenden Beispiele auf Ihren Arbeitsplatz zutreffen, und integrieren Sie in dieser Woche einige der Anregungen in Ihre Arbeit:

- Hören Sie per Kopfhörer sanfte, entspannende Hintergrundmusik.
- Hängen Sie inspirierende Bilder mit Naturmotiven auf.
- Dekorieren Sie Ihr Büro mit Pflanzen und Blumen.
- Verwenden Sie, wenn möglich, Aromatherapie an Ihrem Arbeitsplatz.

- Umgeben Sie sich mit Liebe, indem Sie Bilder von Freunden und Familie aufhängen.
- Sorgen Sie dafür, dass Sie einen bequemen Bürostuhl haben.
- Heben Sie den Telefonhörer erst beim dritten oder vierten Klingeln ab; nutzen Sie die Zeit, um tief durchzuatmen.
- Erstellen Sie einen täglichen Arbeitsplan.
- Versuchen Sie, langsamer und fokussierter zu arbeiten.
- Wenn Sie den ganzen Tag sitzen, legen Sie kurze Pausen ein, in denen Sie herumgehen oder sich dehnen.
- Meditieren Sie oder führen Sie progressive Entspannung durch.
- Bewahren Sie erfreuliche Zeitschriften in greifbarer Nähe auf, um eine angenehme, friedliche Umgebung zu schaffen.
- Trinken Sie beruhigende Kräutertees, und essen Sie gesunde Snacks, zum Beispiel Obst.
- Regen Sie bei Ihrem Vorgesetzten die Installation eines Vorschlagkastens an.
- Verändern Sie, wenn möglich, Ihre Arbeitszeiten, oder arbeiten Sie von zu Hause aus.
- Bewahren Sie Ihre gute Laune, und lächeln Sie oft.

Wenn Sie sich in der Arbeit angespannt fühlen, wird die Anspannung Ihrer Kollegen ebenfalls zunehmen. Wenn Sie in dieser Woche jedoch Entspannungstechniken anwenden, um Ihre innere Ruhe zu bewahren, wird das auch auf Ihre Kollegen abfärben.

BERUF UND ARBEITSPLATZ

42. WOCHE

Wie Sie Konflikte am Arbeitsplatz lösen

Viele hochsensible Menschen haben mir erzählt, wie schwierig sie es finden, am Arbeitsplatz mit rücksichtslosen und lauten Menschen umzugehen. In meinem Buch *The Highly Sensitive Person's Survival Guide* beschrieb ich, wie eine meiner Seminarteilnehmerinnen ihre Probleme mit einer Kollegin löste. Das war unvermeidlich, da sie sich von dem Verhalten ihrer Mitarbeiterin am Arbeitsplatz nämlich sehr gestört fühlte. Meine Seminarteilnehmerin – Monica, eine Single-Frau Anfang Dreißig – berichtete davon, wie sehr sie der Lärm in der Behörde, in der sie arbeitete, ablenkte. Das ging sogar so weit, dass sie sich nicht mehr auf ihre Aufgaben konzentrieren konnte. Die Kollegin, mit der sie sich ein

Büro teilte, telefonierte unaufhörlich und beschwerte sich mit lauter, aggressiver Stimme bei Freunden über ihre persönlichen Probleme. Monica ging morgens äußerst ungern zur Arbeit und kam abends fast immer mit Spannungskopfschmerzen nach Hause. Zwar war sie wütend, aber sie befürchtete eine weitere Verschlechterung der sowieso schon angespannten Beziehung. Deshalb traute sie sich nicht, ihre Kollegin zu bitten, sich etwas leiser zu verhalten.

Wir untersuchten zahlreiche Möglichkeiten, Monicas unerträgliche Arbeitssituation zu verbessern. Zum Beispiel konnte sie Ohrstöpsel oder Kopfhörer tragen, ihren Schreibtisch umstellen, mit ihrem Vorgesetzten sprechen oder um eine Versetzung in eine andere Abteilung bitten. Ich erinnerte sie daran, dass sich ihre Kollegin möglicherweise gar nicht darüber bewusst war, dass ihr unaufhörliches Gerede Monica bei der Arbeit störte. Allerdings nahm die Kollegin möglicherweise Monicas unterdrückte Wut wahr, was eine konstruktive Lösung erschweren konnte. Ich schlug vor, Monica solle sich mit ihr anfreunden (hochsensible Menschen eskalieren ein Problem oft, indem sie eine laute Person zum Feind abstempeln).

Dann sagte ich Monica, wenn sie eine gute Beziehung zu ihrer Kollegin aufgebaut habe, könne sie ihr mitteilen (mündlich oder schriftlich), dass sie ein sehr empfindliches Nervenkostüm habe, sodass sie bereits normale Geräusche als Lärm wahrnehme. Monica müsse betonen, dass es ihr Problem sei, und dürfe ihrer Kollegin keine Schuld geben. Dann könne sie mehrere Vorschläge zur Lösung des Problems machen, zum Beispiel den Vorschlag, ihre Kollegin möge ihre Privattelefonate während einer bestimmten vereinbarten Zeit führen. In diesen Intervallen wäre Monica dann vorbereitet und könnte eine Pause einlegen, zu Mittag essen oder sich auf Aufgaben konzentrieren, bei denen sie einen Kopfhörer tragen könne.

Außerdem könne sie ihre Kollegin freundlich bitten, leiser zu sprechen oder für ihre Privatgespräche ein anderes Telefon zu be-

nutzen. Und schließlich solle sie sich vorab für alle Probleme entschuldigen, die ihre Empfindlichkeit ihren Kollegen verursache,
und deutlich machen, wie sehr sie die Bereitschaft ihrer Kollegin
schätze, ihr zu helfen. Die Wahrheit ist, dass diese Kollegin ihr Verhalten wahrscheinlich gar nicht ändern müsste, wenn Monica kein
HSM wäre, da viele nicht hochsensible Menschen Lärm problemlos tolerieren können, ihn gelegentlich sogar nicht einmal wahrnehmen.

Würde die Kollegin freundlich und offen auf Anregungen reagieren, könnte Monica ihr Blumen und eine kleine Dankeskarte
schenken, um ihre Wertschätzung für ihre Unterstützung auszudrücken. Nachdem Monica einige Wochen über das Thema nach-
gedacht hatte, schrieb sie ihrer Kollegin schließlich eine Notiz und
konnte mit ihr den Kompromiss aushandeln, dass ihre Kollegin
ihre persönlichen Telefonate ausschließlich während ihrer Mittagspause führte.

Haben Sie einen Kollegen oder eine Kollegin, mit deren Verhalten Sie Probleme haben?

Wenn ja, dann probieren Sie die folgende Übung aus:

- Verwenden Sie Monicas Geschichte als Vorlage, und schreiben
  Sie auf, wie Sie mit Ihrer Kollegin verhandeln wollen, um das
  Problem zu lösen. Welche Möglichkeiten gibt es, um die Span-
  nung zu reduzieren?
- Vielleicht wollen Sie in einem Rollenspiel üben, was Sie Ihrer
  Kollegin sagen wollen, bevor Sie wirklich mit ihr sprechen. Set-
  zen Sie sich ein konkretes Datum, um die Situation in dieser
  Woche anzugehen.
- Wie können Sie zu dieser Person eine gute Beziehung aufbau-
  en? Gibt es irgendetwas, das Sie an ihr interessiert und Ihnen
  als Gesprächseinstieg dienen könnte?
- Schreiben Sie als Nächstes auf, wie Sie Ihre hochsensible psychische Beschaffenheit erklären wollen. Vielleicht wollen Sie noch

einmal nachsehen, was Sie in der 5. Woche zu der Frage aufge-
schrieben haben, wie Sie andere über Ihre nervliche Konstitution informieren wollen.

– Wenn Sie über Lösungen sprechen, betonen Sie, dass Ihre Kollegin nichts falsch macht. Entschuldigen Sie sich im Voraus für
jede Schwierigkeit, die Ihre Sensibilität Ihnen verursacht, und
drücken Sie Ihre Wertschätzung für ihre Rücksichtnahme aus.
Untersuchen Sie gemeinsam mit Ihrer Kollegin verschiedene
Lösungsmöglichkeiten, und fragen Sie sie, ob sie bereit wäre,
sich für eine von ihnen zu entscheiden.

– Was können Sie tun, um Ihre Kollegin in ihrem veränderten
Verhalten zu bestärken und ihr zu zeigen, dass Sie ihre Bemü-
hungen anerkennen?

Wenn Sie von vornherein davon ausgehen, dass die andere Person so feindselig ist, dass sie jede Verhaltensänderung ablehnen
wird, werden Sie eine negative sich selbst erfüllende Prophezeiung
erzeugen. Wenn Sie jedoch aus einer positiven, liebenswürdigen
Haltung heraus auf Ihre Kollegin zugehen, ist die Wahrscheinlichkeit, dass Sie die problematische Arbeitssituation lösen können,
sehr hoch.

BERUF UND ARBEITSPLATZ

43.
WOCHE

Ein besser bezahlter Job bedeutet unter Umständen mehr Stress

Ihr Wohlbefinden wird steigen, wenn Sie in einem weniger anspruchsvollen Job arbeiten, der vielleicht nicht so gut bezahlt ist, Ihnen aber die Freiheit bietet, mehr Zeit mit genussvollen und entspannenden Aktivitäten zu verbringen. Materialistische Wünsche erzeugen einen Teufelskreis. Je mehr ein Mensch verdient, desto mehr Geld glaubt er zu brauchen. Je mehr Belohnungen ein Mitarbeiter erhält, die sein Ego fördern, desto höhere Statusansprüche hat er. Wenn Sie aus Ihrem Job eine lebensfüllende Angelegenheit machen, dann programmieren Sie sich auf ein emotionales Trauma, wenn Sie den Job irgendwann verlassen oder in den Ruhestand gehen. Es ist besser, ein ausgewogenes Leben zu führen, sich Zeit für ein befriedigendes Sozialleben zu nehmen und interessanten Freizeitaktivitäten nachzugehen.

Arbeiten Sie entweder zu viel oder ertragen Sie einen hohen Arbeitsdruck nur wegen des Geldes? Wenn ja, schreiben Sie auf, welche Möglichkeiten Sie haben, Ihr Leben zu verändern, damit Sie nicht mehr das Gefühl haben, Sie müssten unbedingt viel Geld verdienen. Hier einige Beispiele:

- Ich überlege, in eine kostengünstigere Wohngegend zu ziehen.
- Ich brauche eigentlich kein derart großes Haus.
- In meinem Urlaub fahre ich in eine Waldhütte anstatt in eine teure, reizintensive Ferienanlage.
- In dieser Woche suche ich einen Therapeuten auf, um herauszufinden, welche anderen Jobmöglichkeiten besser zu meinem HSM-Temperament passen.
- Ich werde einen Finanzberater konsultieren, um Wege zu finden, mit weniger Geld zu leben.
- Da mein Auto noch wunderbar funktioniert, verschiebe ich den Kauf eines neuen Autos.
- Ich werde mit einem Therapeuten sprechen, um herauszufinden, warum ich glaube, meine persönliche Zufriedenheit für materiellen Gewinn opfern zu müssen.

In unserer materialistischen Gesellschaft sind selbst HSM gelegentlich davon überzeugt, mehr Geld zu verdienen lohne sich, selbst wenn das zu Lasten unseres körperlichen, emotionalen und spirituellen Wohlbefindens geht. Wenn Ihre Grundbedürfnisse erfüllt sind, haben Sie möglicherweise dennoch den Wunsch, immer mehr zu verdienen, in der falschen Überzeugung, äußere Belohnungen führten zu innerer Zufriedenheit.

BERUF UND ARBEITSPLATZ

44.
WOCHE

Wie Sie sich einen neuen, stressfreien Arbeitsplatz schaffen

Kunden erzählen mir oft, sie seien mit ihrem Job unzufrieden und wollten ein neues Gebiet erkunden. Ich rate ihnen immer, pragmatisch zu handeln, wenn sie neue berufliche Ziele verfolgen. Wenn Sie einen gut bezahlten Job haben, ist es nicht unbedingt eine gute Idee, von Knall auf Fall zu kündigen.

Wenn Sie eine neue, stressfreie Arbeitsatmosphäre erkunden wollen, dann beachten Sie in dieser Woche bitte folgende Schritte. Erstens: Erstellen Sie eine Liste mit Ihren beruflichen Kompetenzen, die sich auch auf anderen Gebieten einsetzen lassen, und überlegen

Sie, bei welchen verwandten beruflichen Tätigkeiten Sie diese zur Geltung bringen könnten. Wenn Sie zum Beispiel Hotelsekretärin sind, könnten Sie über folgende vielseitig einsetzbare Kompetenzen verfügen:

- Beherrschung spezifischer Computerprogramme
- Erfahrung und Geschick in Öffentlichkeitsarbeit
- Fachwissen in Buchhaltung und Rechnungswesen
- Kenntnis der Hotelleriebranche
- Erfahrung in der Reservierung von Großveranstaltungen
- Catering-Erfahrung

Bestimmen Sie als Nächstes, ob Ihre Kompetenzen zu den Qualifikationen passen, die in den Arbeitsplatzbeschreibungen für Tätigkeiten erwähnt werden, die in Frage kommen könnten. Sie können im Internet recherchieren oder in Zeitungen nach beruflichen Qualifikationen suchen.

Als Nächstes sollten Sie auf dem Gebiet, auf dem Sie gerne tätig werden wollen, ehrenamtlich arbeiten. Ehrenamtliche Arbeit ist eine ausgezeichnete Methode, um sich die Erfahrung anzueignen, die Ihnen am Ende eine bezahlte Festanstellung einbringt. Eine andere Möglichkeit ist, zunächst Teilzeit in einem neuen Job zu arbeiten, der das Potenzial besitzt, sich zu einer lukrativen Vollzeitstelle zu entwickeln.

- Suchen Sie im Internet und in Zeitungen, aktivieren Sie Ihr Kontaktnetz, rufen Sie Ihre lokale Vermittlungsstelle für ehrenamtliche Tätigkeiten an oder suchen Sie andere Einrichtungen auf, um eine ehrenamtliche Stelle oder eine Teilzeitstelle zu finden.
- Achten Sie darauf, dass Ihre neue Tätigkeit nicht Ihre Fähigkeit beeinträchtigt, die Arbeit in Ihrer aktuellen Position fortzusetzen.
- Bevor Sie ein neues Arbeitsgebiet erkunden, studieren Sie den Arbeitsmarkt, indem Sie Folgendes tun:

– Kontaktieren Sie mindestens zehn Personen, die auf dem Gebiet arbeiten, an dem Sie interessiert sind. Erkundigen Sie sich
nach aktuellen Einstellungsmöglichkeiten, Gehältern und Qualifikationen sowie nach den körperlichen und emotionalen Job-
anforderungen.
– Beobachten Sie eine Zeit lang die neue Arbeitsumgebung. Als
hochsensibler Mensch ist es wichtig, dass Sie eine realistische
Einschätzung treffen, ob der betreffende Job für einen empfindsamen Menschen geeignet ist. Achten Sie insbesondere auf
den Arbeitsdruck, die Reizintensität und das erforderliche Ar-
beitspensum. (Da HSM Information im Allgemeinen langsam
verarbeiten, nehmen Sie sich viel Zeit für Ihre Arbeitsmarktre-
cherchen. Überfordern Sie sich nicht, indem Sie zu viele Daten
auf einmal sammeln oder eine übereilte Entscheidung treffen.)

Hier einige Informationsquellen, die Sie nutzen können, um sich
zu informieren, welche Arbeitsgebiete und konkreten Tätigkeiten
sich für hochsensible Menschen eignen:

– Lesen Sie Elaine Aarons informatives Kapitel über Wohlbefin-
den am Arbeitsplatz in ihrem Buch *Sind Sie hochsensibel?* (2005).
– Lesen Sie Marianna Skarics Buch *Sensibel kompetent – Zart be-
saitet und erfolgreich im Beruf* (2007).
– Suchen Sie einen Berufsberater auf, um über Ihre beruflichen
Bedürfnisse zu sprechen.
– Machen Sie Berufstests, um Ihre Interessen und Fähigkeiten so-
wie Ihre Eignung für verschiedene Berufe zu bestimmen.

Freiberuflichkeit kann für HSM, die nicht unter dem Druck eines
Vorgesetzten arbeiten und ihre Arbeitszeiten sowie die Reizintensität selbst bestimmen wollen, eine hervorragende Option sein.
Sie müssen allerdings bereit sein, schwierige Entscheidungen zu
treffen, und aufpassen, dass Sie sich nicht selbst isolieren. Wenn

Sie allein arbeiten, ist es wichtig, dass Sie sich regelmäßig mit Kollegen treffen, um sich Unterstützung zu holen. Introvertierten HSM fällt es zudem oft schwer, sich selbst zu vermarkten. Es ist wichtig, dass Sie einen Bereich wählen, in dem Sie nicht rund um die Uhr arbeiten müssen.

Bevor Sie sich selbstständig machen, sollten Sie unbedingt umfassende Recherchen über die Erfolgsaussichten Ihrer neuen Tätigkeit anstellen, indem Sie mit einem Experten sprechen, der sich darauf spezialisiert hat, Unternehmensgründern Starthilfe zu leisten.

DIE SEELE

45.
WOCHE

Ein spirituelles Leben beruhigt den HSM

Eines der schönsten Merkmale eines hochsensiblen Menschen ist seine Fähigkeit, tiefe, spirituelle Erfahrungen zu machen. In diesem Buchabschnitt werden Methoden vorgestellt, mit denen Sie Ihre spirituelle Verbindung mit dem Göttlichen entwickeln können, die Ihnen inneren Frieden, Harmonie und Ruhe verschafft.

Je mehr Sie Ihre Spiritualität entwickeln, desto leichter werden Sie mit der täglichen Reizüberflutung fertig. Einige von uns haben aufgrund früher negativer religiöser Erfahrungen möglicherweise Widerstände, sich auf diesen Pfad zu begeben. Vielleicht wollen Sie Spiritualität aus dem Blickwinkel bedingungsloser Liebe, der

Schönheit der Natur oder einer höheren Macht betrachten. Vielleicht finden Sie es aber auch angenehmer, sich spirituell an einer bestimmten Gottheit oder einem Lehrer zu orientieren, zum Beispiel Jesus, Buddha oder Krishna, oder einem Propheten wie Abraham, Mohammed oder Moses. Ich kenne einen Agnostiker, der trotz seiner Überzeugungen anerkennt, dass die Weite und die Ordnung des Universums dem Leben etwas Mysteriöses verleihen.

Transzendenz mithilfe spiritueller Praktiken

Im Kern lehren alle Religionen das Gleiche, nämlich die Liebe zu einer göttlichen höheren Macht und das Mitgefühl mit den Mitmenschen und sich selbst. Je größer der Trost, den wir aus der göttlichen Präsenz beziehen, die in uns wohnt, desto besser werden wir mit den Herausforderungen des Lebens umgehen können. Die unerschütterliche Liebe Gottes gibt uns in schwierigen Zeiten Kraft und Durchhaltevermögen.

Denken Sie eine Zeit lang über Ihre spirituelle Orientierung als hochsensibler Mensch nach. Schreiben Sie einige Beispiele auf, wie Ihre Nähe zum Göttlichen Ihnen in schwierigen Zeiten geholfen hat. Wie können Ihre spirituellen Praktiken Ihnen helfen, Ihre derzeitigen Probleme zu überwinden? Hier einige Beispiele:

– Immer, wenn ich in der Natur den göttlichen Frieden spüre und einen wunderschönen Sonnenuntergang beobachte oder in einer klaren Sternennacht die Weite des Universums betrachte, werden meine beruflichen Sorgen unwichtig.
– Anstatt mich über meine Scheidung aufzuregen, schließe ich die Augen und fokussiere auf mein Inneres. Ich spüre, wie die göttliche Energie durch meinen Körper fließt, bis ich in meinem Inneren tiefe Ruhe und Harmonie verspüre.

- Wenn ich auf meinen Partner wütend werde, frage ich mich innerlich: »Wer wird wütend?« Wenn ich erkenne, dass es mein vorübergehend verletztes Ego ist und ich so viel mehr bin als die wütenden Gedanken, die mir in diesem Moment in den Sinn kommen, bin ich in der Lage, meine Wut loszulassen.
- Ich bete intensiv, dass meine Mutter wieder gesund wird. Und nachdem ich eine tiefe göttliche Verbindung gespürt habe, fühle ich, dass Gottes Wille geschieht, egal, wie das Ergebnis aussieht.
- Immer, wenn ich eine schwierige Situation in der Gegenwart akzeptiere, anstatt mir zu wünschen, die Situation wäre anders, weiß ich, dass alles einer göttlichen Ordnung gehorcht.

DIE SEELE

46. WOCHE

Die Grenzen des menschlichen Egos

Wenn Sie einmal die Natur des Menschen erkannt haben, werden Sie wahrscheinlich mehr Heiterkeit und Gelassenheit verspüren. Fast niemand liebt irgendeinen anderen Menschen mehr als sich selbst, und die Motivation eines jeden Menschen basiert letztlich auf Eigeninteressen. Wenn Sie sich von der Vorstellung verabschieden, Menschen sollten sich auf eine bestimmte Weise verhalten, können Sie einen größeren inneren Frieden verspüren. Wenn Sie die Beschaffenheit der Welt verstehen, werden Sie daher in der Lage sein, aus Ihrem Inneren heraus zu handeln, anstatt ständig auf die Launen und wechselhaften äußeren Situationen überzureagieren.

Viele Menschen werden nett zu Ihnen sein, weil sie etwas von Ihnen wollen. Achten Sie darauf, wie freundlich und zuvorkommend Verkäufer sind, wenn sie Ihnen etwas verkaufen wollen. Häufig werden Menschen ausgerechnet von den Personen, die ihnen ewige Liebe geschworen haben, verlassen, sobald sie nicht bekommen, was sie wollen. Die Natur des Menschen will, dass seine egoistische Liebe an Bedingungen geknüpft ist. Die göttliche Liebe, wie sie von wahren Heiligen wie Jesus, Buddha oder Mutter Teresa verkörpert wird, ist dagegen bedingungslos.

Denken Sie über eine Situation nach, in der Sie einer anderen Person geholfen haben und irritiert waren, weil Sie von dieser Person nichts zurückerhalten haben. Fragen Sie sich, ob Sie so scheinbar selbstlos waren, weil Sie zum Ausgleich etwas erwartet haben. Meditieren Sie anschließend eine Weile über die Wahrheit, dass Sie keine Gegenleistung erwarten würden, wenn Sie aus echter Selbstlosigkeit geben würden.

Vor dem Hintergrund Ihrer neuen Erkenntnis, dass jeder sich selbst am meisten liebt und dass die Motivation so gut wie aller Menschen auf Eigeninteresse basiert, überprüfen Sie die Situation erneut, in der Sie sich von dem Verhalten einer anderen Person verletzt gefühlt haben. Fühlen Sie sich immer noch verletzt, nun, da Sie die Natur des menschlichen Verhaltens kennen?

Schreiben Sie anschließend auf, wie Sie diese Situation im Licht Ihres neuen Verständnisses empfinden.

Wenn Sie die menschliche Natur besser verstehen, wird Ihnen die Erkenntnis, dass einige egoistische Menschen einfach nicht in der Lage sind, Rücksicht und Mitgefühl für andere zu entwickeln, weniger ausmachen.

DIE SEELE

47. WOCHE

Erinnern Sie sich an Ihre wahre spirituelle Natur

Als empfindsame Seele lassen Sie sich von den kleinen Unannehmlichkeiten des Lebens möglicherweise schnell entmutigen und vergessen, dass das, was heute so wichtig erscheint, im nächsten Monat oder nächsten Jahr kaum noch Bedeutung hat. Wenn Sie verstehen, dass die kurze Reise Ihrer Seele in Ihrer jetzigen Daseinsform schnell vorbeigeht, werden Sie kein Opfer der fehlgeleiteten Überzeugung, Sie seien nichts weiter als dieser hochsensible Körper, in dem Ihre Seele und Ihr Geist wohnen.

Zwar werden unsere Familie, unser zu Hause und unser Bankkonto verschwinden, wenn wir unseren Körper verlassen, aber die Liebe, die wir gegeben haben, und die spirituelle Nähe, die wir zum

Göttlichen aufgebaut haben, werden alles überdauern. Wenn wir sterben, werden unsere Seelen nicht schwarz oder weiß, muslimisch oder christlich, männlich oder weiblich, sensibel oder unsensibel sein. Wenn wir den Fluss der göttlichen Energie verspüren, die alle Lebewesen verbindet, verlieren die Unterschiede, die sich hinter den Masken sterblicher Menschenhüllen verbergen, an Bedeutung.

Schließen Sie für einige Minuten die Augen, und entspannen Sie alle Muskeln. Machen Sie einige langsame, tiefe Atemzüge. Konzentrieren Sie sich auf einen Moment, in dem Sie eine tiefe spirituelle Transformation empfunden haben. Verharren Sie in dieser erhebenden Erinnerung so lange wie nötig. Wo waren Sie, als das geschah? Erinnern Sie sich an das, was Sie damals in Ihrem Inneren verspürt haben. Nahmen Sie irgendwelche besonderen Farben wahr oder besonders schöne Klänge? Wie fühlte es sich an, das vordergründige Körperbewusstsein hinter sich zu lassen? Schreiben Sie Ihr spirituelles Erlebnis nun so ausführlich auf, wie Ihre Erinnerung es zulässt.

Wenn Sie diese Erinnerung im Rahmen Ihrer Morgen- oder Abendroutine oder in einer emotional schwierigen Situation lesen, wird Ihnen das helfen.

Betrachten Sie Ihre Seele aus der Perspektive östlicher Philosophie

Eine weitere Methode, um Ihre wahre spirituelle Natur zu erforschen, ist die Betrachtung der eigenen Seele aus dem Blickwinkel östlicher Philosophie auf Basis des Buddhismus oder Hinduismus. Aus dieser Perspektive lässt sich alles Leid, das ein Mensch im Leben erfährt, auf ein negatives Karma zurückführen, das in einem früheren Leben erworben wurde. Alle positiven Ereignisse im Leben basieren dagegen auf den Verdiensten, die eine Person in früheren Leben erworben hat. Wenn Sie Ihre Situation aus diesem Blickwinkel betrachten, könnten Sie sich überlegen, ob Sie in Ihrem früheren Leben vielleicht ein unsensibler Mensch waren und in diesem Leben nun selbst ein hochempfindliches Nervenkostüm tragen müssen. Aus westlicher, jüdisch-christlicher Perspektive gibt vielen HSM auch die Überzeugung tiefen inneren Frieden, dass sie nach dem Tod für ihre guten Taten belohnt werden. Wir können die Effekte unseres Karmas in schwierigen Zeiten immer mildern, indem wir Gutes tun, beten und meditieren und uns ganz auf die Gegenwart konzentrieren.

Schließen Sie eine Weile die Augen, und entspannen Sie sich vollkommen. Machen Sie einige langsame, tiefe Atemzüge. Betrachten Sie Ihr empfindliches Nervensystem entweder aus dem Blickwinkel des von östlichen Philosophien geprägten Karmas oder des westlichen Glaubens, dass Sie nach dem Tod ins Himmelreich eintreten werden. Verschafft es Ihnen einen gewissen Trost, wenn Sie erkennen, dass Sie auf seelischer Ebene dazu bestimmt sind, in diesem Leben ein hochsensibler Mensch zu sein? Hilft es Ihnen, zu wissen und zu spüren, dass Sie kein Opfer sind? Ist es für Sie nun leichter, mit einer positiveren Einstellung durchs Leben zu gehen?

Schreiben Sie anschließend so ausführlich wie möglich auf, wie Sie diese Kontemplation empfunden haben. Die Lektüre Ihrer Notizen wird Ihnen während Ihrer Morgen- und Abendroutine nützlich sein.

Zwar mögen wir gelegentlich daran verzweifeln, dass unsere ausgeprägte Sensibilität vielfältige Herausforderungen erzeugt, allerdings können die wahrgenommenen Hürden auch Chancen für eine größere Annäherung an Gott sein.

DIE SEELE

**48.
WOCHE**

Achten Sie auf Ihre Gedanken

Wenngleich es hochsensiblen Menschen in stressigen Situationen schwerfällt, kühl zu bleiben, wird die Irritation umso mehr abnehmen, je mehr Sie es sich zur Gewohnheit machen, die Herausforderungen des Lebens zu beobachten, als stünden Sie neben sich. Die Identifikation mit negativen Gedanken dient nur dazu, Probleme zu verfestigen.

Wenn es Ihnen gelingt, einen Schritt zurückzutreten und Ihre Gedanken und Gefühle aus unbeteiligter Perspektive zu beobachten, anstatt sofort zu reagieren und sich mit ihnen zu identifizieren, werden Sie die spirituelle Qualität der emotionalen Distanz entwickeln. Wenn Sie feststellen, dass Sie sich darin verbeißen, dass jemand Sie verletzt hat, dann treten Sie einen Schritt zurück, und betrachten Sie diesen Gedanken. Achten Sie darauf, wie Ihr

Ego und Ihre Gedanken diesem Konflikt ständig Nahrung bieten, wodurch das emotionale Leid für beide Beteiligten nur noch größer wird. Wenn Sie sich aus der aktiven Beteiligung an diesem Konflikt zurückziehen, fragen Sie sich, wie Ihr nächster Gedanke beschaffen sein wird. Wenn dieser Gedanke angekommen ist, dann fragen Sie sich einfach, wie der folgende sein wird. Wenn Sie anfangen zu beobachten, wie die Gedanken durch Sie hindurchfließen, ohne dass sie in Ihnen emotionale Reaktionen auslösen, werden Sie erkennen, dass Sie mehr sind als die Myriaden an negativen Gedanken, die Ihnen durch den Kopf schießen.

In dem Moment, in dem Sie sich bewusst machen, dass sich emotionales Leid aus der Vergangenheit durch immer neue negative Gedanken am Leben erhalten will, tauchen Sie in den gegenwärtigen Moment ein, und das emotionale Leid löst sich auf. Wenn Sie feststellen, dass Sie aus einer Opferhaltung handeln und davon besessen sind, was man Ihnen angetan hat, machen Sie sich bewusst, dass diese Gedanken nichts mit Ihnen zu tun haben, sondern mit dem verletzten inneren Kind, das versucht, die fehlgeleitete Rolle eines ewig leidenden Menschen zu verewigen. Wenn Sie sich die negativen Gedanken bewusst machen, werden Sie aufhören, sich mit ihnen zu identifizieren. Die fehlgeleitete Überzeugung, Sie müssten leiden wie ein hilfloses Kind, wird dann verschwinden, da emotionale Schmerzen aus der Vergangenheit im klaren Bewusstsein für den gegenwärtigen Augenblick automatisch verschwinden.

Welche der folgenden spirituellen Praktiken möchten Sie in dieser Woche ausprobieren, um Ihre emotionale Beteiligung zu reduzieren?

- Beobachten Sie Ihre aufkommenden Gedanken in einer Meditation.
- Üben Sie, sich bewusst zu machen, dass Ihr Ego Trennung und Schmerz erzeugen will.

- Spüren Sie, wie göttliche Energie durch Ihren Körper fließt.
- Beobachten Sie im Verlauf des Tages einfach Bilder und Geräusche des gegenwärtigen Augenblicks.
- Meditieren Sie im Gehen.
- Wiederholen Sie ein Mantra.
- Lesen Sie spirituelle Bücher, die sich mit der Frage beschäftigen, wie Sie negative Gedanken loslassen können, zum Beispiel *Eine neue Erde* von Eckhart Tolle (www.eckharttolle.com) oder *Lieben, was ist* von Byron Katie (www.thework.com).

Je besser es Ihnen gelingt, aus unbeteiligter Perspektive den Wechsel von Licht und Schatten zu beobachten und zu betrachten, wie sich um Sie herum die Dramen des Lebens entfalten – so, als seien Sie ein Filmzuschauer –, desto größer wird Ihre innere Ruhe sein.

DIE SEELE

49. WOCHE

Achten Sie auf das Gute in anderen Menschen

Gelegentlich neigen hochsensible Menschen dazu, sich auf kleine, von anderen Menschen verursachte Irritationen zu fixieren. Je mehr Sie sich jedoch auf die positiven Eigenschaften anderer Menschen konzentrieren, desto glücklicher werden Sie sein. Nutzen Sie Ihr inhärentes tiefes Mitgefühl, um anderen zu vergeben und Ihr Herz durch Akte liebevoller Freundlichkeit zu öffnen. Klagen über andere Menschen erzeugen lediglich eine Abwärtsspirale negativer Energie, die Ihr Immunsystem schwächt und am Ende sogar körperliche oder emotionale Erkrankungen auslösen kann.

Bitten Sie einen Freund, eine Freundin oder ein Familienmitglied, Sie daran zu erinnern, dass Sie in dieser Woche keine negativen Bemerkungen über andere Menschen abgeben wollen. Oder stellen Sie sich einen Wecker, der Sie im Verlauf der Woche stündlich daran erinnert, sich vor Urteilen oder abfälligen Kommentaren über andere Menschen zu hüten.

Zwar verspüren Sie negative Gefühle wie Hass, Wut, Angst und Neid stärker als andere, aber Sie können auch Liebe tiefer empfinden als die meisten weniger sensiblen Menschen. Da Liebe die stärkste Emotion überhaupt ist, können Sie die Macht der Liebe dazu nutzen, um Ihre Beziehungen zu heilen, wenn Sie das wollen.

Mit Ihrer grenzenlosen Fähigkeit, Mitgefühl auszudrücken, können Sie Hass mit Liebe überwinden, indem Sie sich intensiv bemühen, die positiven Eigenschaften zu entdecken, die selbst in der unsensibelsten Person verborgen sind.

Treffen Sie in dieser Woche zwei anerkennende Äußerungen, die von Herzen kommen. Vielleicht wollen Sie mit Ihrer Familie und Ihren Freunden beginnen. Dehnen Sie Ihre Dankbarkeit auf Fremde aus, wie zum Beispiel Verkäufer oder andere Kunden in einem Geschäft. Und schließlich bemühen Sie sich, etwas Anerkennenswertes an unsensiblen Menschen zu finden.

Erstellen Sie eine Liste mit Menschen, denen Sie in dieser Woche Wertschätzung entgegengebracht haben, und schreiben Sie auf, was Sie jeweils über sie gesagt haben. Wie können Sie diese Praxis in Zukunft fortsetzen?

Vertrauen Sie darauf, dass Sie und Ihr vermeintlicher Kontrahent oder Ihre Kontrahentin sich besser fühlen werden, nachdem Sie sich echte Wertschätzung ausgesprochen haben. Jeder möchte sich geliebt und angenommen fühlen. Indem Sie Ihre positive Energie ausdrücken, haben Sie auf diesem Planeten ein wenig mehr Liebe zu sich selbst und zu anderen Menschen erzeugt.

DIE SEELE

50. WOCHE

Finden Sie Ihre Mitte

Die Effektivität der Akupunktur beweist, dass es Energieströme gibt, die ungehindert durch unseren Körper fließen müssen, da es sonst zu schädlichen Blockaden kommt. Der menschliche Körper hat sieben Energiezentren (sogenannte Chakren). Bei hochsensiblen Menschen sind die oberen Energiezentren häufig offen, während die unteren eher geschlossen sind. Wenn HSM allein von den oberen vier Energiezentren – Kronenchakra (Scheitel), Stirnchakra oder Drittes Auge (der Punkt zwischen den Augenbrauen), Halschakra und Herzchakra – leben, neigen sie dazu, die Energien anderer Menschen zu absorbieren. Wenn die unteren Energiezentren – das Wurzelchakra, Sakralchakra im Bereich des Unterleibs und das Solarplexuschakra – geschlossen sind, ist der hochsensible Mensch möglicherweise nicht geerdet.

Durch die Öffnung der unteren Energiezentren findet der HSM eher seine Mitte, und das ermöglicht einen freien Energiefluss durch den Körper. Dieser ausbalancierte Energiefluss wird Ihnen dabei helfen, Sinnesreize besser zu verarbeiten. Die in der 8. Woche beschriebene zentrierende Meditation ist besonders gut geeignet, um eine bessere Erdung zu erzielen. Vielleicht wollen Sie auch schwere (erdende) Öle, zum Beispiel Sesamöl, auf Ihre unteren Energiezentren auftragen oder gedämpftes Wurzelgemüse essen. Beides kann dazu beitragen, dass Sie sich geerdeter fühlen.

Was können Sie in dieser Woche tun, um Ihre Mitte zu finden? Hier einige Beispiele:

- eine zentrierende Meditation durchführen
- Ihre Energiezentren ausbalancieren, indem Sie spüren, wie die Energie durch jedes einzelne Chakra fließt
- einen Termin bei einem Reiki- oder Akupunkturspezialisten vereinbaren
- schwere gekochte Nahrungsmittel essen
- regelmäßige Meditationspausen einlegen
- eine langsame, tiefe Bauchatmung praktizieren
- Gartenarbeit machen

Je besser wir unsere Mitte finden und Ruhe und Gelassenheit empfinden, desto weniger macht uns das ewige Auf und Ab im Leben aus.

DIE SEELE

Die Vorzüge der Meditation

Zahlreiche spirituelle Lehrer haben gelehrt, dass der Sinn, als Mensch geboren worden zu sein, darin liegt, dass die Seele eines jeden Individuums in Gottes unendliche Liebe und Licht eintaucht. Mithilfe von Meditation können hochsensible Menschen die göttliche, strahlende Energie, die durch den menschlichen Körper strömt, intensiv spüren. Im Verlauf dieses Buches haben wir über die Vorteile der Meditation gesprochen. Durch die innere Kontemplation und Reflexion können Sie Ihre angeborenen spirituellen Fähigkeiten entwickeln und Ihr Nervensystem beruhigen. Ich habe beobachtet, wie zahlreiche meiner hochsensiblen Seminarteilnehmer eine phänomenale spirituelle Transformation vollzogen haben, während ich sie in angeleiteten Meditationen begleitet habe. Oft kommen sie aufgewühlt in den Unterricht, aber nach einer kurzen Meditation gelingt es ihnen, sich in einen ruhigen, friedlichen Zustand zu versetzen.

Auch wenn Lärm oder störende Gedanken Sie während der Meditation ablenken, können Sie dennoch zahlreiche Vorzüge genießen, wenn Sie die regelmäßige Meditation in Ihren Alltag integrieren. Sie wissen nie, wann Sie mit einer tiefen spirituellen Erfahrung gesegnet werden. Viele HSM haben berichtet, sie hätten plötzlich eine Art Glückseligkeit empfunden, und das selbst während einer eher unruhigen Meditation.

Setzen Sie sich einige Minuten still hin, und spüren Sie, wie selbst eine kurze Meditation Ihnen hilft, Ihre innere Ruhe zurückzugewinnen, während Sie Ihre äußeren Alltagsprobleme hinter sich lassen und den Frieden und die Harmonie der inneren Stille erleben. Auch wenn Sie nur zehn Minuten am Tag meditieren können, denken Sie darüber nach, dass selbst diese kurze Zeit Ihnen Seelenfrieden verschafft, während Sie Ihren hektischen Gedankenfluss langsam zur Ruhe bringen.

Wenn Sie noch nicht regelmäßig meditieren, ist es an der Zeit, in der kommenden Woche tägliche Meditationspausen einzuplanen. Normalerweise ist es am besten, wenn Sie jeden Tag zur gleichen Uhrzeit meditieren. Notieren Sie einfach eine Zeit, und halten Sie sich an Ihre eigene Vereinbarung, so, als würde es sich um ein wichtiges Vorstellungsgespräch handeln. In Wirklichkeit ist diese Meditation die beste Konferenz, auf der Ihre Seele ein ewiges Gespräch mit dem Göttlichen führt.

- Bitten Sie Ihre Familie oder Freunde, Sie an Ihre tägliche Meditation zu erinnern.
- Stellen Sie sich einen Wecker, der kurz vor Ihrer Meditationssitzung klingelt.
- Achten Sie darauf, dass Sie einen ruhigen, stillen Platz zum Meditieren haben. Benutzen Sie Ohrstöpsel, einen Gehörschutz oder ein lärmunterdrückendes Headset.

– Am besten meditieren Sie in einer bequemen, aufrechten Sitzhaltung (mit gerader Wirbelsäule). Verwenden Sie ein Kissen,
  das Sie auf den Boden legen, oder setzen Sie sich auf einen Stuhl.
– Versuchen Sie, jeden Tag die gleiche Meditationsdauer einzuhalten. Wenn 20 bis 30 Minuten anfangs zu lang sind, beginnen
  Sie mit zehn Minuten, und steigern Sie die Dauer schrittweise.
– Probieren Sie eine der in diesem Buch vorgestellten Meditationen oder führen Sie Ihre persönliche Lieblingsmeditation durch.

Wenn Sie regelmäßig meditieren, werden Sie in der Lage sein, tief
in den göttlichen Frieden einzutauchen, der im Inneren Ihres Körpers schlummert, und die äußerlichen Probleme, die Ihre Sensibilität Ihnen verursacht, abzuschütteln. Selbst wenn Sie keine große
spirituelle Erfahrung haben, wird die Meditation bewirken, dass
Ihr Bewusstsein vorübergehend die weltliche Ebene hinter sich
lässt, wenn Sie sich ganz Ihrem Geist hingeben.

DIE SEELE

52.
WOCHE

Wecken Sie Ihre Seele
in der Natur

Der Aufenthalt in der Natur kann Ihre angeborenen spirituellen Qualitäten wecken. Dort kann sich auch Ihr hochsensibles Nervensystem entspannen und zur Ruhe kommen. In einer städtischen Umgebung kann man leicht der Täuschung unterliegen, es sei natürlich, in Verkehrsstaus festzustecken, verschmutzte Luft einzuatmen und dem Geheule von Sirenen, Motorrädern und den stampfenden Rhythmen von Rapmusik ausgesetzt zu sein, die aus Autolautsprechern dröhnt. Wenn Sie sich jedoch in der Natur aufhalten, erkennen und empfinden Sie die heitere Gelassenheit, die in Ihnen schlummert.

Da Sie als HSM die Fähigkeit besitzen, tiefe Freude zu spüren und Schönheit in ihrer ganzen Intensität wahrzunehmen, können Sie augenblicklich in einen ruhigen Zustand eintreten, wenn Sie Zeit in einer schönen, natürlichen Umgebung verbringen. Ihre Seele tritt spontan in Verbindung mit dem Göttlichen, wenn Sie ausgiebig die zarten Formen der flauschig-weißen Wolken betrachten, die wie hingetupfte Watte den azurblauen Himmel schmücken, wenn Sie durch einen Park streifen und die Schönheit des bunten Federkleids eines Vogels wahrnehmen oder den zarten Duft einer prachtvollen Rose einatmen.

Planen Sie in dieser Woche Spaziergänge und Ausflüge in die Natur. Hier einige Beispiele:

- Gehen Sie in Ihrem Stadtpark spazieren.
- Machen Sie Gartenarbeit.
- Verbringen Sie Zeit an einem See, einem Fluss oder am Meer.
- Machen Sie einen Waldspaziergang.
- Verbringen Sie ein Wochenende in einer Hütte auf dem Land.
- Besuchen Sie eine Obstplantage oder einen Wildpark.
- Beobachten Sie den Sonnenaufgang oder -untergang.

Denken Sie daran, dass Sie in einer ländlichen natürlichen Umgebung Ihre Verbindung zu dem Göttlichen intensiver spüren können.

Schlussfolgerungen

Meine Glückwünsche! Sie haben soeben 52 Übungen vollendet, die Ihnen dabei helfen, sich in unserer reizüberfluteten Welt zurechtzufinden. Vergessen Sie jedoch nicht, dass die Erzeugung von Harmonie und innerem Frieden ein dauerhafter Prozess ist. Es wird Ihnen sehr helfen, wenn Sie die Lebensbereiche bestimmen, die Ihnen die meisten Probleme bereiten, und die entsprechenden Übungen jede Woche regelmäßig durchführen. Jetzt ist der perfekte Zeitpunkt, um die relevanten Übungen noch einmal durchzugehen und in Ihren Kalender einzutragen, wann Sie sie wiederholen wollen.

Wenn Sie die wöchentlichen Übungen, die in diesem Buch vorgestellt wurden, regelmäßig wiederholen, werden Sie mehr Freude und Ruhe in Ihrem Leben verspüren. Denken Sie immer daran, dass Sie nicht allein sind. Es gibt Millionen von hochsensiblen Menschen in jedem Land, die ebenfalls versuchen, mit ihrem empfindlichen Nervenkostüm zurechtzukommen. Teilen Sie einige der hilfreichen Methoden, die Sie hier erlernt haben, mit Ihren hochsensiblen und weniger sensiblen Freunden, Kollegen und Familienmitgliedern. Mit Ihren neuen Überlebensfähigkeiten können Sie nun anderen als Leuchtturm dienen, die ebenfalls versuchen, unbeschadet durch unsere hektische, reizüberflutete Welt zu steuern.

Meine besten Wünsche begleiten Sie für ein Leben voller Gesundheit, innerer Ruhe, Harmonie und Freude. Bitte besuchen Sie meine Website http://drtedzeff.com/, wenn Sie weitere Informationen haben möchten, und zögern Sie nicht, mich zu kontaktieren, wenn Sie eine Frage haben.

Über den Autor

Ted Zeff, Ph. D. der Psychologie, promovierte 1981 am California Institute of Integral Studies in San Francisco. Derzeit hält er Workshops über Bewältigungsstrategien für hochsensible Menschen ab. Seit mehr als fünfzehn Jahren lehrt er an verschiedenen Krankenhäusern und medizinischen Einrichtungen Techniken zum Stressabbau und zum Umgang mit Schlaflosigkeit. Ted Zeff ist Autor des Buches *The Highly Sensitive Person's Survival Guide*. Bitte besuchen Sie seine Website: http://drtedzeff.com/